ANGELIKA BIBER

botanicals

AUSDRUCKSSTARKE PFLANZEN
MIT **MIXED MEDIA** UND **ACRYL**

Impressum

Verantwortlich: Claudia Hohdorf
Werke und Fotos: Angelika Biber
Produktmanagement und Lektorat: ZweiKonzept GbR
Layout: Sanja Lobert
Umschlaggestaltung: Leeloo Molnár
Repro: LUDWIG:media
Herstellung: Stephanie Schlemmer
Printed in Italy by Printer Trento

★★★★★

Sind Sie mit diesem Titel zufrieden? Dann würden wir uns über Ihre Weiterempfehlung freuen. Erzählen Sie es im Freundeskreis, berichten Sie Ihrem Buchhändler oder bewerten Sie beim Onlinekauf. Und wenn Sie Kritik, Korrekturen oder Aktualisierungen haben, freuen wir uns über Ihre Nachricht an:
Christophorus Verlag, Postfach 40 02 09, D-80702 München
oder per E-Mail an lektorat@verlagshaus.de.

Unser komplettes Programm finden Sie unter

www.christophorus-verlag.de

In diesem Buch wird aus Gründen der besseren Lesbarkeit das generische Maskulinum verwendet. Weibliche und anderweitige Geschlechteridentitäten werden dabei ausdrücklich mitgemeint, soweit es für die Aussage erforderlich ist.
Die Deutsche Nationalbibliothek verzeichnet diese Publikation in der Deutschen Nationalbibliografie; detaillierte bibliografische Daten sind im Internet über http://dnb.d-nb.de abrufbar.

ISBN 978-3-86230-414-1

Danke

Einen herzlichen Dank an Britta Sopp und Tina Bungeroth von ZweiKonzept für ihre kompetente, aber auch herzliche Unterstützung bei der Entstehung dieses Buches.

Lieben Dank auch an meinen Ehemann Micha, der durch die vielen Stunden intensiver Arbeit an diesem Buch häufig auf mich verzichten musste, weil in meinem Kopf, im Atelier und am Schreibtisch die „Botanicals“ gewachsen sind.

Angelika

Inhaltsverzeichnis

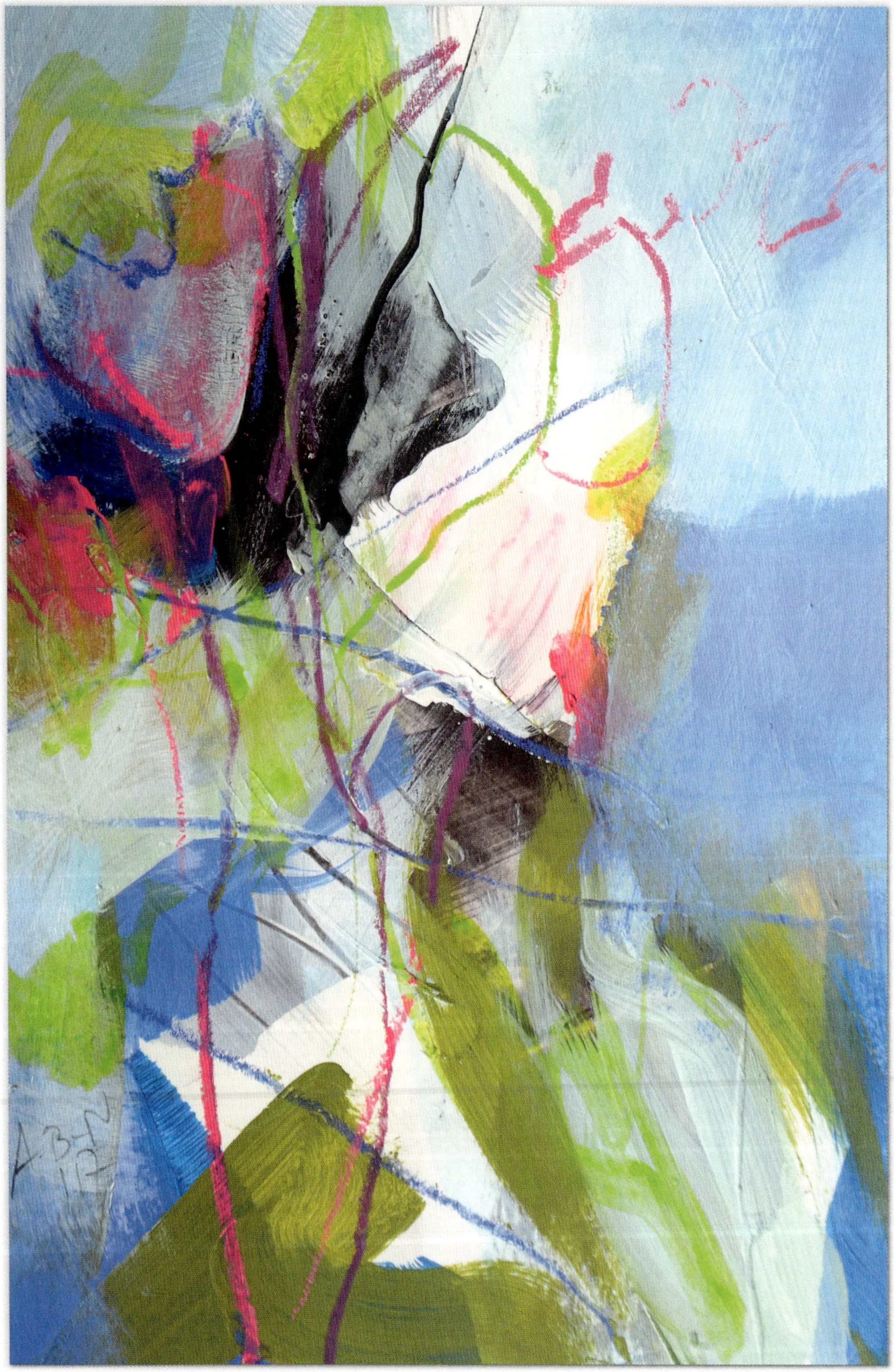

Vorwort

Der Wunsch nach Natur rückt seit einigen Jahren wieder sehr in den Fokus. So ist zum Beispiel Gärtnern wieder „in". Das eigene Zuhause wird mit Zimmerpflanzen bestückt und natürliche Materialien werden nun auch dort eingesetzt, wo lange Zeit ausschließlich Kunststoff verwendet wurde.

Gleichzeitig erlebt DIY einen unglaublichen Boom. Die Menschen erkennen wieder den Wert darin, Dinge selbst herzustellen, seien es alltägliche Gebrauchsgegenstände oder dekorative Elemente.

Diese Einflüsse des heutigen Lebensstils zeigen sich im Augenblick zum Beispiel im Wohnbereich in unterschiedlichen Strömungen: Der minimalistische, reduzierte und der opulente, überbordende, exotische Stil. Beide Strömungen haben aber eines gemeinsam: Motive und Elemente aus dem Pflanzenreich. Tropische Blattformen, Rispen und Blüten sind auf Stoffen, Tapeten und Teppichen zu finden. Designs und Illustrationen sind luftig, leicht, offen, mit typografischen und botanischen Elementen versehen und so wird auch eingerichtet: reduziert, hell, natürlich.

Diesen Zeitgeist in die Bildgestaltung der Malerei und Zeichnung zu übertragen, ist die Grundidee dieses Buches. Dabei wird in experimentellem Ansatz und in Mixed Media gearbeitet. Von lockeren Darstellungen mit Stift oder Pinselzeichnung, um erst einmal die Formen zu erkunden, geht es mit den verschiedensten Materialien auf unterschiedliche Malgründe. Viele der Materialien können gemischt werden, sodass immer wieder neue Ergebnisse und eine große Bandbreite an Möglichkeiten entstehen.

Die Darstellung ist mal reduziert, mal komplex und dicht. Die Motive sind weniger detailgetreu als frei und nur angedeutet umgesetzt. Dabei werden bewusst malerische und zeichnerische Elemente miteinander verbunden.

Die Motive erkläre ich zum Teil in Schrittfolgen, um den Bildaufbau nachvollziehbar zu machen. Zum Teil zeige ich einen Bildgegenstand aber auch in einer Motivserie. Und bei anderen Motiven werden Ausschnitte näher erläutert. Dies soll meine Vorgehensweise verdeutlichen, aber dabei genügend Spielraum lassen, eigene gestalterische Wege zu gehen.

Die vielfältigen Möglichkeiten botanischer Motive ins Bild zu bringen, ist ein sehr zeitgemäßes und spannendes Thema, das ich immer wieder in meinen Bildmotiven aufgreife. In diesem Buch möchte ich die Möglichkeiten und Wege dorthin umfassend aufzeigen.

Viel Freude beim Eintauchen in die Welt
der ausdrucksstarken Botanicals

wünscht Angelika

Materialien

Grundsätzlich kann man alle Farben, Stifte und Untergründe verwenden, die schon vorhanden sind. Nachfolgend zeige ich aber auch Materialien, die ich gerne benutze und die für Mixed Media gut geeignet sind. Sie lassen sich miteinander kombinieren und bieten dadurch sehr viele verschiedene Einsatz- und Ausdrucksmöglichkeiten. Auf Wunsch kann man dann den Fundus nach und nach erweitern.

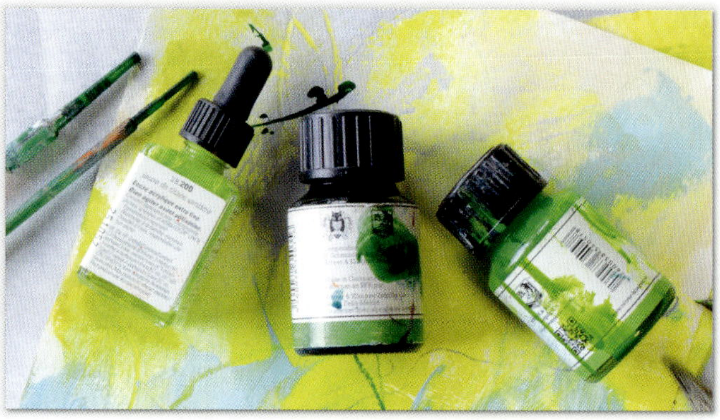

Flüssige Farben wie Tusche und Airbrush-Farbe trocknen wasserfest auf, lassen sich gut übermalen und sind sehr farbintensiv.

Farben

Acrylfarben, Bindemittel und Pigmente

Die Basis der Malerei in diesem Buch sind die Acrylfarben. Zum Experimentieren müssen es nicht unbedingt die allerteuersten Farben sein. Wichtig ist, dass das Gewünschte damit umzusetzen ist (z. B. in Bezug auf Leuchtkraft und Deckfähigkeit). Wichtiger ist, dass die Farbigkeit passt. Farbtöne günstiger Marken wirken oft unecht und sind zudem häufig mit Weiß abgemischt. Bei Farbmischungen daraus bleiben die Farben nicht rein, sondern wirken trüb und verschmutzt. Das ist insbesondere bei Grüntönen der Fall. Deswegen ist es hilfreich, mehrere fertige Grüntöne zur Auswahl zu haben, jeweils für die Lichtfarben gelbliche, helle Grüntöne und für die Schattenfarben dunklere, mit Blau gemischte Grüntöne.
Bewährt haben sich auch dünne Schichten mit fluoreszierender Farbe, um die Lichter im Bild noch etwas zu erhöhen.

Acrylfarben kann man auch **selbst herstellen**. Basis dafür sind ein Bindemittel (z. B. Acrylbinder oder Acrylemulsion) und ein Pigment. Bei der Schrittfolge „Reduzierte Blütenformen" ab Seite 78 arbeite ich mit solch einer selbst gerührten Farbe. Hier habe ich eine glänzende Acrylemulsion und weißes Pigment benutzt.

Flüssige Farbe

Aquarellfarbe, Tusche, Airbrush

Gerne verwende ich flüssige Farbe, denn damit kann schön locker und intuitiv gearbeitet werden. Aquarellfarbe ist dabei im Mix mit Acryl nur bedingt geeignet, denn sie bleibt nach dem Trocknen wasserlöslich. In der Kombination mit Stiften allerdings kann sie zu wunderbar leichten und luftigen Darstellungen führen. Auf Acrylbasis, ähnlich der Acrylfarben, sind Tuschen und Airbrush-Farben. Diese können deswegen sehr gut mit Acrylfarben gemischt werden. Sie sind jedoch farbintensiver und eignen sich daher besonders gut für leuchtende, expressive Darstellungen.

Stifte

Ölkreiden, Grafitstifte, wasservermalbare Stifte

Häufig arbeite ich zugleich mit Flächen und Linien, also mit Malerei und Zeichnung. Im nachfolgenden Kapitel „Pflanzenformen darstellen" (Seite 12–17) gibt es ausführliche Erklärungen und Beispiele, wie man diese Materialien benutzen und diese Techniken in die Malerei integrieren kann.

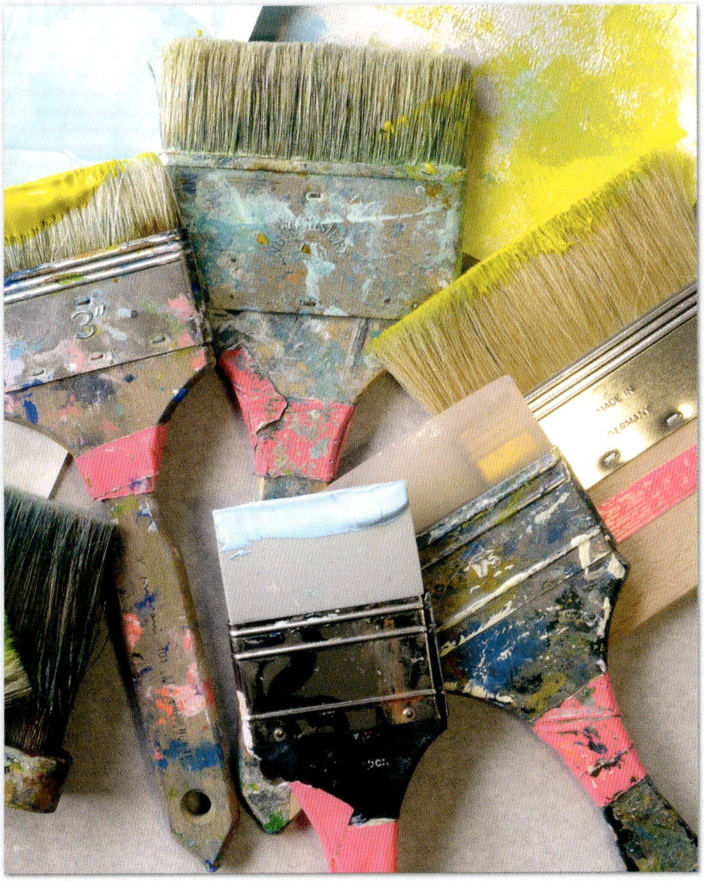

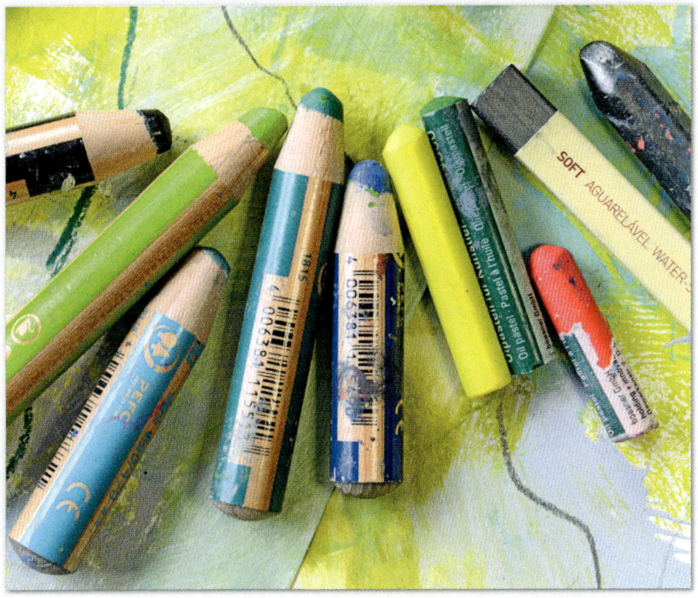

Wasservermalbare Buntstifte, Ölkreiden und wasservermalbare Grafitstifte sind gut in die Malerei integrierbar.

Jedes Malwerkzeug hinterlässt eine spezifische Spur. Diese Wirkung kann durch die Menge der Farbe verändert werden.

Grüntöne in verschiedenen Farbqualitäten lassen die Darstellung lebendig wirken.

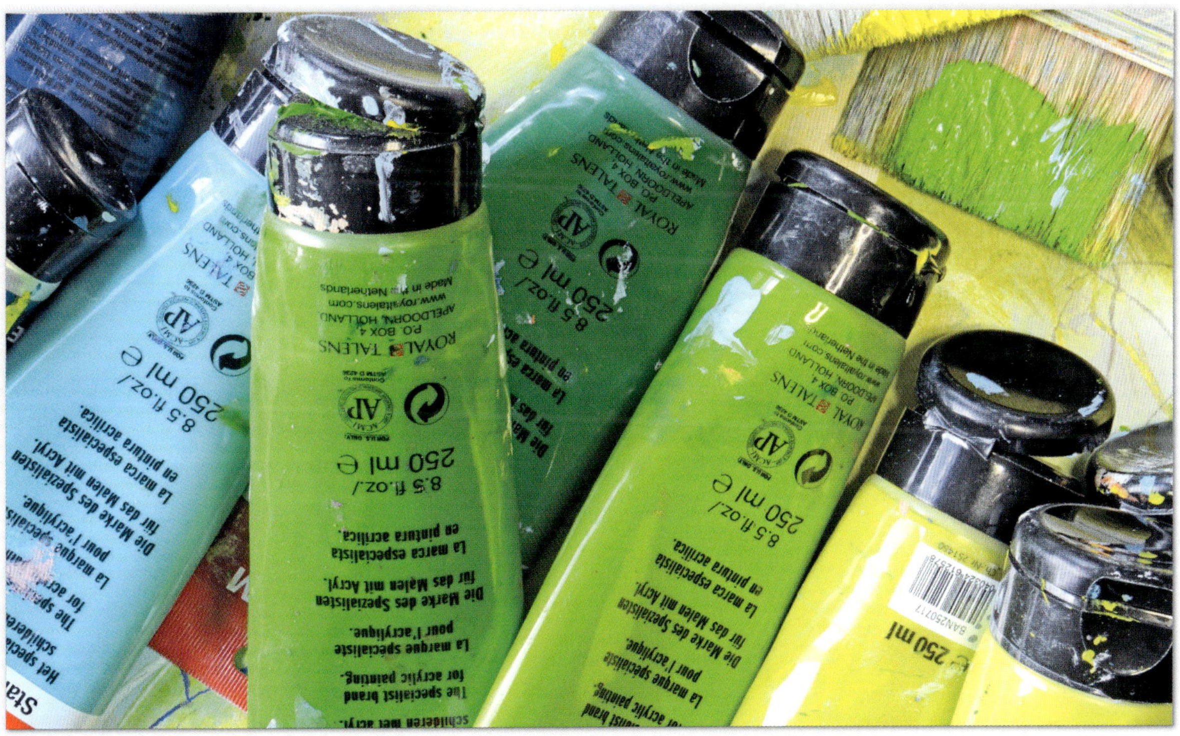

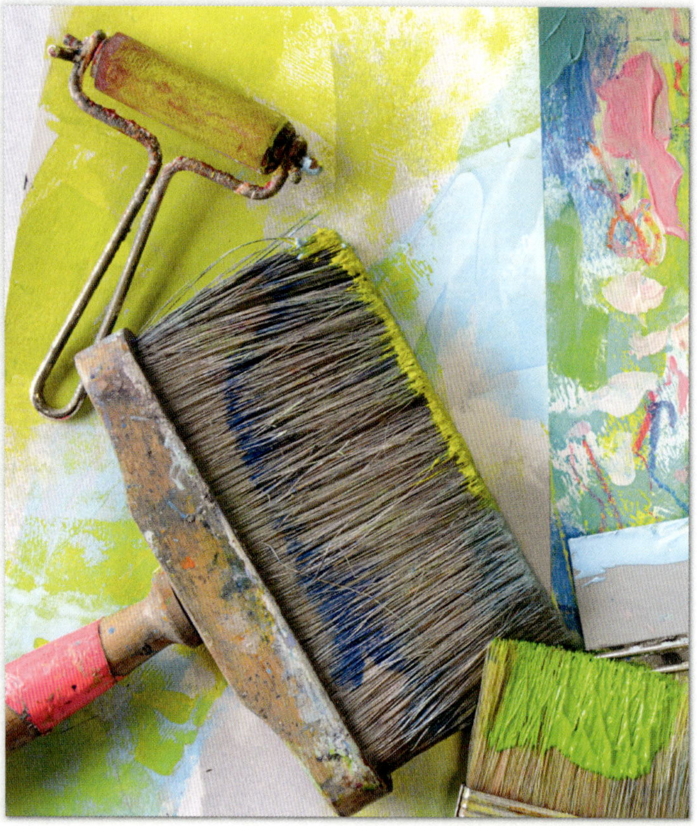

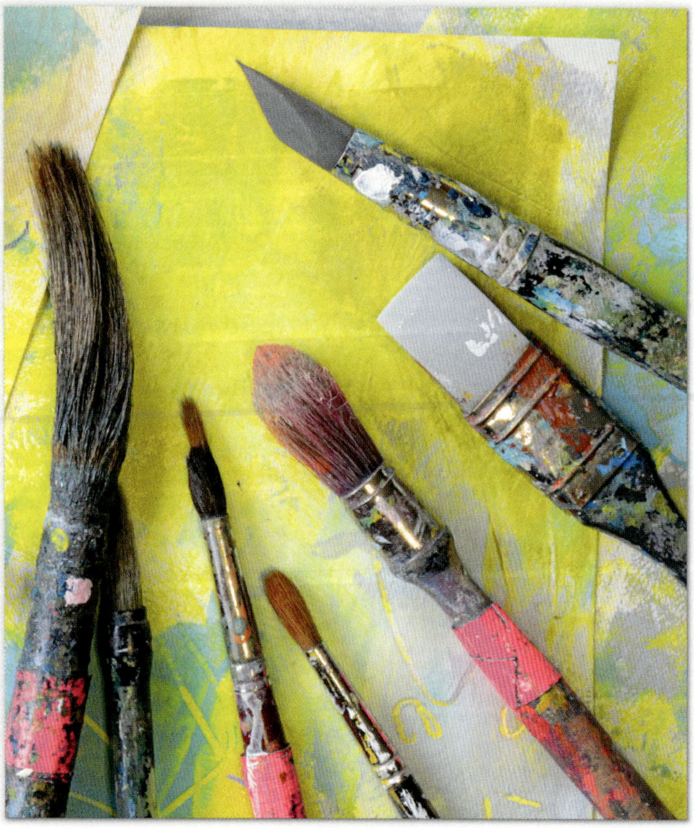

Pinsel und Werkzeuge

Borstenpinsel, Synthetikpinsel, Kalligrafiepinsel, Linierer, Linolwalze, Colour Shaper, Gummirakel, Behälter zum Schütten flüssiger Farbe, Pipette, Tuschefeder mit breiter Bandzugfeder

Für Flächen sind **breite Borstenpinsel** gut, um weiche, ruhige Flächen erzeugen zu können. **Schmale Pinsel** braucht man für Details. Das können Borstenpinsel oder Synthetikpinsel sein, auch ein Haarpinsel mit Spitze oder ein Kalligrafiepinsel ist prima geeignet. Mit ihnen kann man sich frei zwischen Malerei und Zeichnung bewegen. Noch detaillierter arbeitet man mit einem Linierer. Er ist besonders für flüssige Farbe wie Tusche oder Airbrush-Farbe gedacht.

Eine **Linolwalze** oder Schaumstoffwalze bringt feine Strukturen auf den Malgrund. Damit lassen sich auch interessante Flächen gestalten, die jedoch häufig etwas unruhiger wirken.

Colour Shaper sind Spachtel bzw. Pinsel aus Silikon. Sie können mit dicker, pastoser Farbe zum Einsatz gebracht werden, entweder um Strukturflächen anzulegen oder um lockere Linien mit Acrylfarbe zu erzeugen. Colour Shaper sind ein wenig „unkontrollierbar" und die Spuren haben deswegen einen besonderen Reiz. Ähnlich verhält es sich mit einem **Gummirakel**.

Für Schüttungen benötigt man ein **Gefäß**, z. B. einen ausgespülten Joghurtbecher. Dabei macht es einen Unterschied, ob das Gefäß rund (breiter Ausguss) oder abgerundet eckig ist (schmaler Ausguss). Am besten probiert man es vorher aus.

Eine **Pipette** ist nützlich, um Linien mit flüssiger Farbe aufzutragen. Dies kann sogar auf strukturierten Untergründen gelingen. Exakteres Arbeiten ermöglicht eine **Tuschefeder** oder eine „Bandzugfeder", letztere empfiehlt sich aber nur für glatte Malgründe.

Breite Pinsel sind für die flächigen Malereien, wie z. B. beim Anlegen des Untergrundes, gut einsetzbar. Auch Linolwalzen oder Shaper (Silikon-Spachtel) schaffen interessante Flächen.

Pinsel mit Spitze oder spitze Colour Shaper sind für Details wie Linien geeignet.

Untergründe

Papier, Leinwände, Holzmaltafeln, runde Leinwände, Aquarellpapier auf Leinwand (Aqua-Leinwand)

Papier ist ein wunderbarer Malgrund und wird oft unterschätzt. Es hat jedoch viele Vorteile: Es ist platzsparend, es ist preiswert, man kann sehr gut darauf zeichnen und man kann es beschneiden. Auf Papier lässt es sich wirklich ganz befreit arbeiten, weil es weniger den Anspruch erhebt, dass ein perfekt fertiges Bild entstehen muss. Wichtig ist dabei die Stärke des Papiers. Es darf nicht zu dünn sein, denn sonst wellt es sich.

Leinwände sind der Klassiker in der Acrylmalerei und neuerdings gibt es sogar Keilrahmen, die mit dickem Aquarellpapier bespannt sind. So ist das Problem der Präsentation eines Aquarells bereits gelöst.

Relativ neu sind auch die runden, mit Gewebe bezogenen **Malpappen**. Sie bringen mal ein anderes Format an die Wand.

Auf **Holzmaltafeln** arbeite ich ebenfalls sehr gerne, weil diese glatt und fest sind. Auf ihnen lässt es sich wegen der glatten Oberfläche auch besser zeichnen als auf Leinwänden. Das Aufkleben von Collagepapieren ist auf diesem Untergrund ebenfalls problemlos möglich.

Weitere Materialien

Grundierungen, Strukturmaterial (Wandfarbe und Sand), Acrylbinder zum Kleben, Chinapapier zum Collagieren, Eisenpulver und Oxidationsmittel, Schelllack, Sprühflasche

Ich arbeite meist mit **selbst hergestellten Strukturmaterialien**. Hier in diesem Buch dient Wandfarbe als Grundierung und Sand als Struktur gebendes Mittel. Statt Sand kann man auch groberes Material wie z. B. Putz verwenden.

Meine Collagen lege ich mit **Chinapapier** an. Dies ist anschmiegsam und dennoch bei Feuchtigkeit halbwegs fest. Die Papiere klebe ich mit Acrylbinder auf.

Acrylbinder benötigt man u. a. bei der Rosterzeugung. Er wird mit **Eisenpulver** und eventuell mit etwas Wasser vermischt. So entsteht eine selbstgerührte Eisengrundierung. Fertige Eisengrundierungen benutze ich sehr selten, denn diese sind nicht so variabel einsetzbar und auch die daraus resultierenden Rost-Töne gefallen mir nicht so gut. Aber es lohnt sich, das selbst auszuprobieren, denn es gibt mittlerweile unzählige Produkte auf dem Markt. Zum Umwandeln des Eisengrundes in Rost benötigt man noch ein Oxidationsmittel, das aufgesprüht wird.

Eine besonders schöne experimentelle Technik stelle ich auf Seite 29 vor: **Schellack und Tusche**. Schellack kann man entweder fertig in verschiedenen bernsteinartigen Farbtönen kaufen oder selbst anlegen. Dazu löst man die Schellackplättchen in Brennspiritus auf und lässt sie ein paar Tage stehen.

Absolut unentbehrlich im Atelieralltag ist eine gut funktionierende **Sprühflasche**. Damit kann man die Farben zum Fließen bringen, Zufälligkeiten in die Gestaltung integrieren und zu locker leichten Ergebnissen kommen.

Pflanzenformen darstellen

Jedes Material, jedes Werkzeug hinterlässt eine spezifische Spur. In Verbindung mit den verschiedenen Blattformen ergibt sich eine unglaubliche Vielfalt an Darstellungsmöglichkeiten. Die meisten Materialien lassen sich miteinander kombinieren. Auch hierbei sollte man auf Kontraste achten: hart und weich, dick und dünn, deckend und transparent oder auch auf Farbkontraste, wie Tonwert- (hell – dunkel) oder Komplementärkontraste.

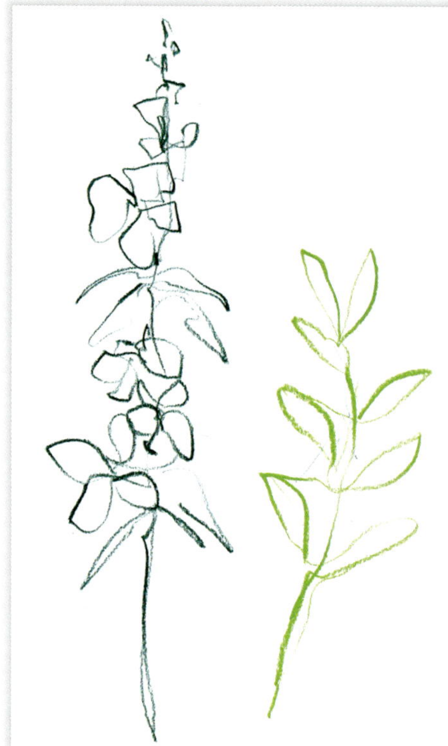

Wasservermalbare Ölkreide – Zeichnung einer Rispe

Wasserfeste Stifte

Grafit- und Farbstifte sowie Ölpastelle

Grafische Darstellungen vermitteln häufig Leichtigkeit und Reduktion, besonders wenn die Untergründe weiß oder ganz hell bleiben. Eine mit einem einfachen Stift gezeichnete solitäre Linie kann schon einen ganz starken Ausdruck vermitteln.

Eine Herangehensweise ist, den Stift unterschiedlich zu führen, also ihn anders zu halten als beim Schreiben. Man kann ihn z. B. wie einen Stab in die Hand nehmen und stoßen oder sehr schnell zeichnen. Diese Spuren unterscheiden sich von geplant gezeichneten Linien und haben mehr Ausdruck.

Diese Darstellungsform eignet sich für alle Blattformen und kann auch sehr gut die Malerei ergänzen.

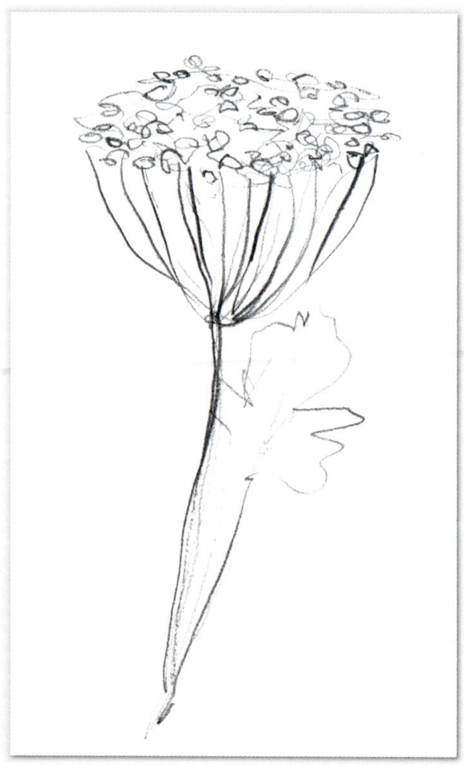

Grafitstift – Zeichnung einer Dolde

Vorübung Einlinienzeichnung

Eine gute Übung, um in einen lockeren Schwung zu kommen, ist die Einlinienzeichnung. Man zeichnet dabei die Blattformen und Stiel oder Zweig, ohne den Stift abzusetzen. So entsteht sehr schön ein eigener „Duktus". Hier kommt es weniger auf das „richtige" Zeichnen als auf das „lockere" Zeichnen an.
Wenn man diese sehr wirkungsvolle Übung häufig wiederholt, wird es gelingen, Blattformen immer genauer zu sehen und umzusetzen, ohne die Lockerheit zu verlieren. Und wenn man dann noch etwas mit dem Druck des Stifts spielt, erzeugt man lebendige Linien in einem eigenen Stil.

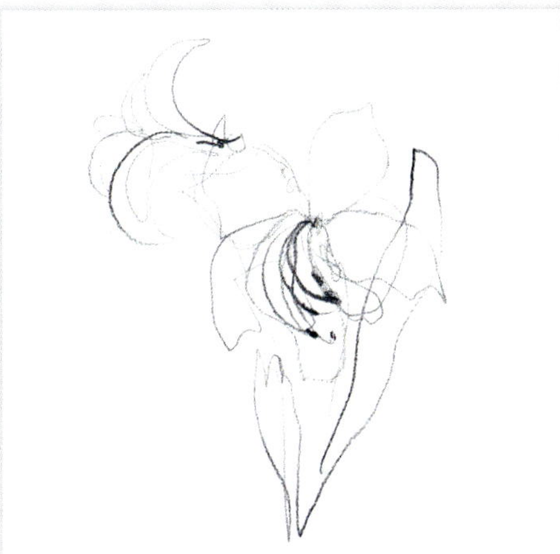

Einlinienzeichnung mit dem Grafitstift – Lilie

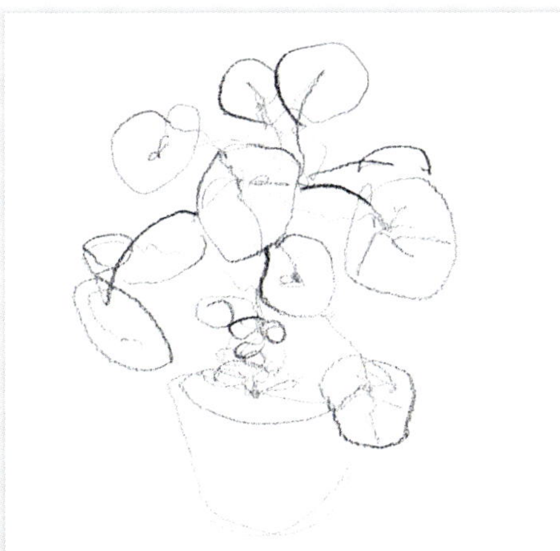

Einlinienzeichnung mit dem Grafitstift – Pilea mit wechselndem Druck

Wasservermalbare Stifte

Aquarellbuntstifte, wasservermalbare Ölkreiden und Grafitstifte

Beim Zeichnen mit wasservermalbaren Stiften kann man die Linien mit Wasser anlösen und entweder ganz wegwaschen (wenn das Ergebnis nicht so gut gefällt) oder die Linie stellenweise etwas vermalen. Meist werden die Linien in Verbindung mit Wasser kräftiger und prägnanter. So entsteht sofort mehr Spannung in der Zeichnung. Man kann auch direkt an der Mine angelöste Pigmente zum Kolorieren der Zeichnung verwenden. So kommt man von der Linie in die Fläche und kann erste Schattierungen vornehmen. Die Darstellungen werden dadurch plastischer.

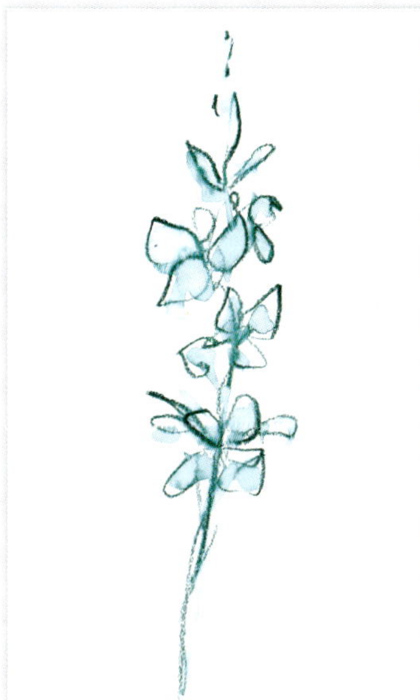

Zeichnung einer Rispe mit wasservermalbarer Ölkreide, die Konturenlinie wurde mit etwas Wasser und einem Aquarellpinsel angewaschen und flächig verzogen.

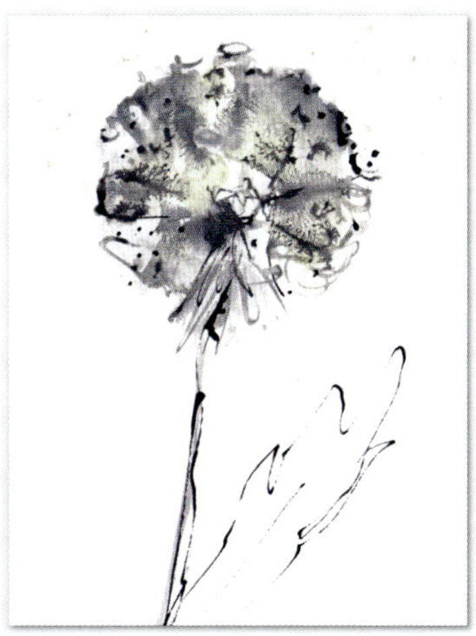

Pusteblume mit wasservermalbarem Grafitstift, nass in nass gearbeitet.

Pinselzeichnung mit Aquarell, Tusche und Airbrush-Farbe

Die Pinselzeichnung ist eine Mischung aus Malen und Zeichnen. Damit kann man mit einem Material und Werkzeug zugleich Linien und Flächen erzeugen. Dabei bieten sich Pinsel an, die eine ausgeprägte Pinselspitze haben, wie zum Aquarellpinsel, Linierer oder Kalligraphiepinsel. Mit wenig Druck auf den Pinsel werden die Linien ganz fein, mit sehr viel Druck werden sie stärker, bis hin zum flächigen Arbeiten. So kann man z. B. nur durch den Pinseldruck Blattformen malen, zu sehen beim Eukalyptus rechts. Dabei ist es zunächst egal, ob man Aquarellfarbe, Tusche oder Airbrush-Farbe verwendet. Sie sind alle wasserverdünnbar. Nur wenn man schichtet, muss man wissen, dass sich Aquarellfarbe im Gegensatz zu Tusche oder Airbrush-Farbe wieder anlöst d. h. wasserlöslich bleibt.
Besonders für feine Zweige oder Gräser ist die Pinselzeichnung mit flüssiger Farbe gut geeignet, denn die Pinsel mit Spitze lassen ein sehr filigranes Arbeiten zu, wenn man nicht zu viel Druck auf den Pinsel ausübt.

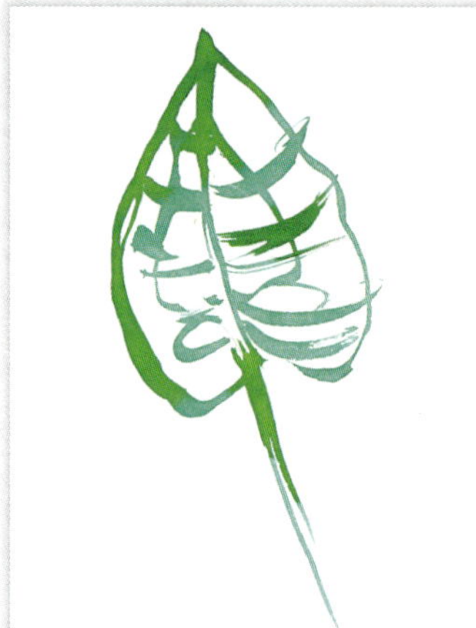
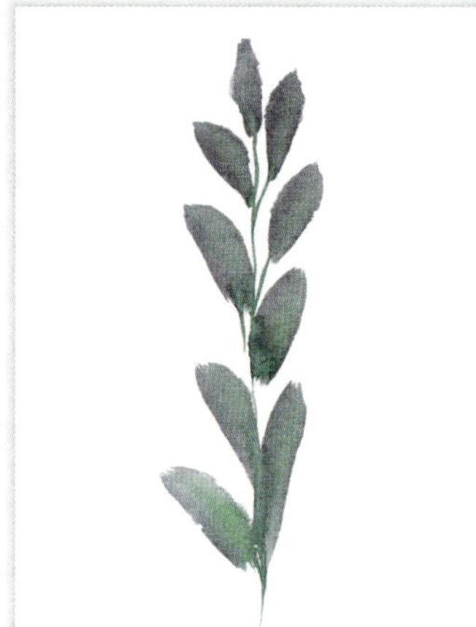
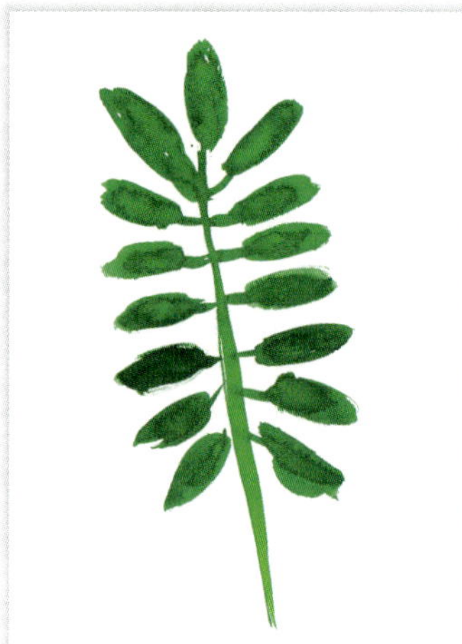
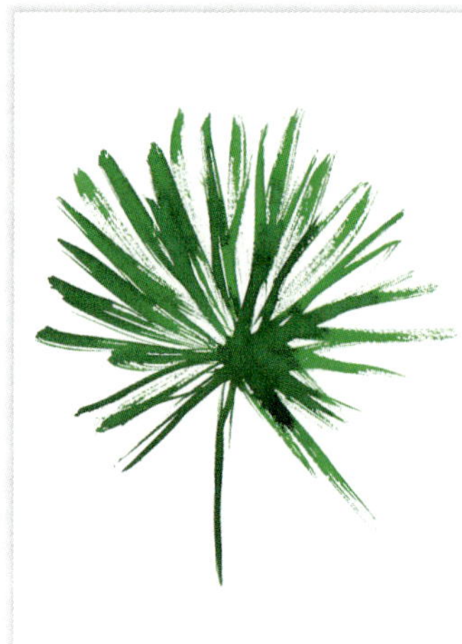
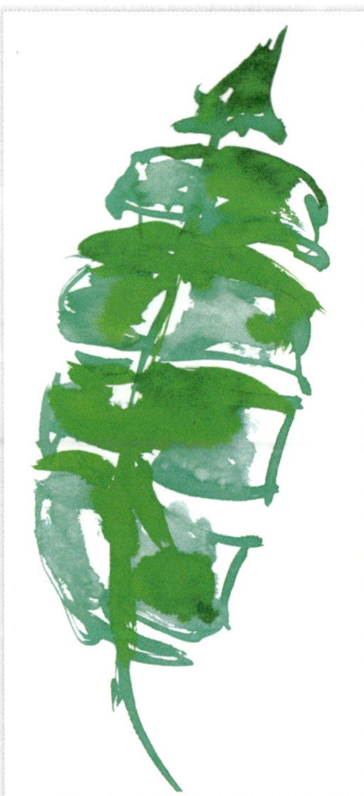
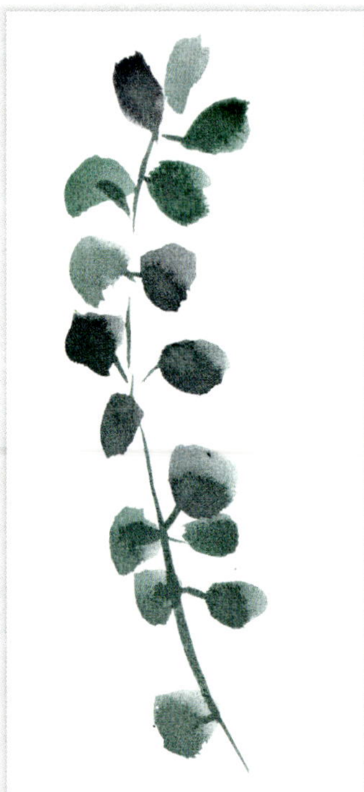
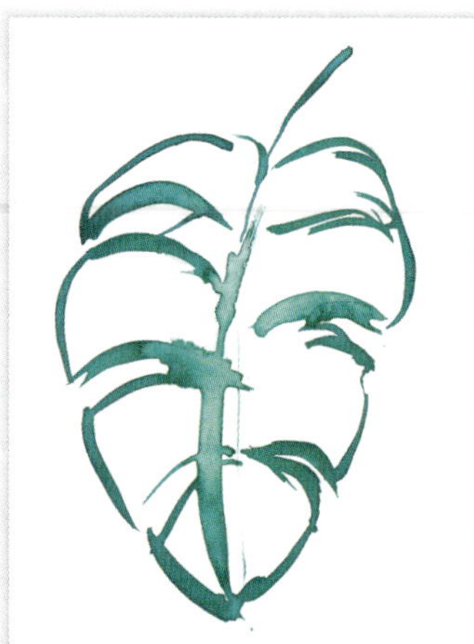
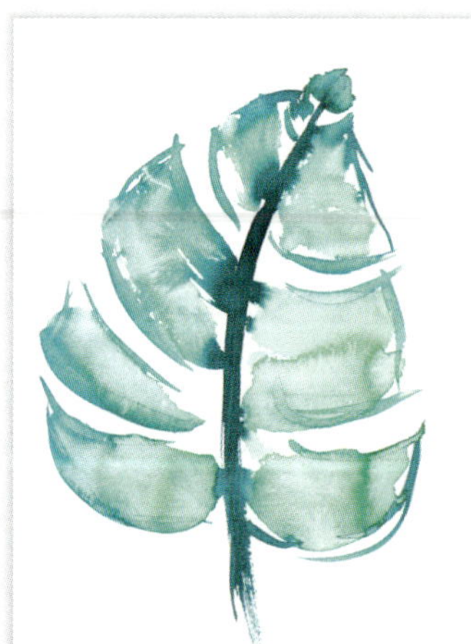

Pinselzeichnungen mit verschiedenen wasservermalbaren Farben, zum Teil im ersten Arbeitsgang direkt koloriert.

Drucken mit Styrene- oder Glasplatte

Grobere Blattformen lassen sich auch gut drucken. Entweder verwendet man eine Glasscheibe für den Einmaldruck, indem man mit Farbe Blattformen darauf malt und dann abdruckt, oder man verwendet eine Styrene-Platte, einen Moosgummi oder eine dicke Pappe und schneidet einen Stempel bzw. eine Druckplatte daraus. Diese kann man mit der Linolwalze einfärben. Es ist möglich, mit dicker Acrylfarbe (Linoldruckfarbe muss es nicht zwingend sein) oder aber mit verdünnten Farben zu drucken. Dicke Farbe wirkt in der Darstellung etwas schwerer als flüssige Farbe, das ist nicht nur beim Druck so, sondern auch wenn man damit malt.

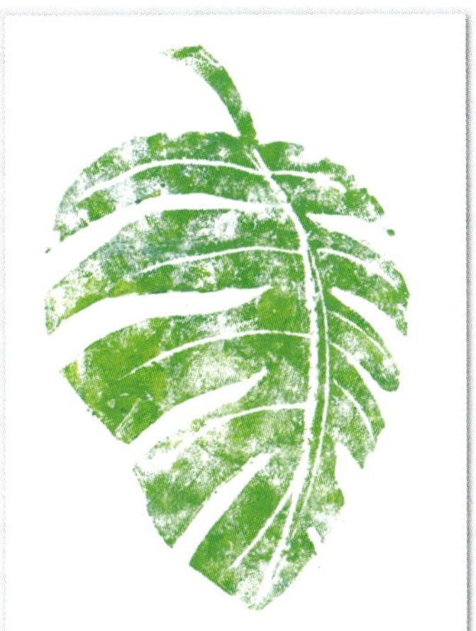

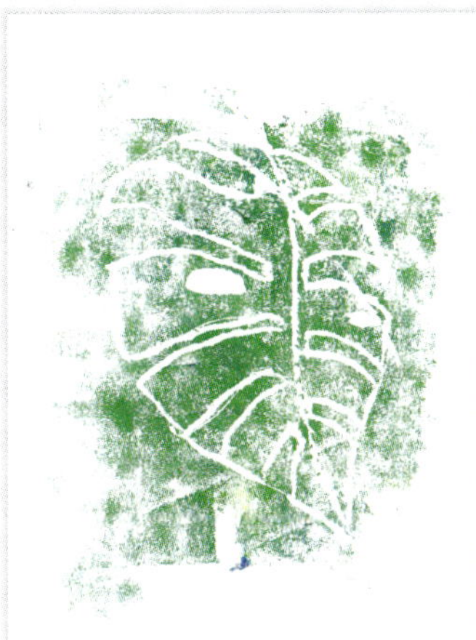

Links: Die Form wurde mit dem Cutter aus der Platte ausgeschnitten und abgedruckt. Rechts: Druck mit einer Styrene-Platte. Das Motiv wurde in die Platte geritzt.

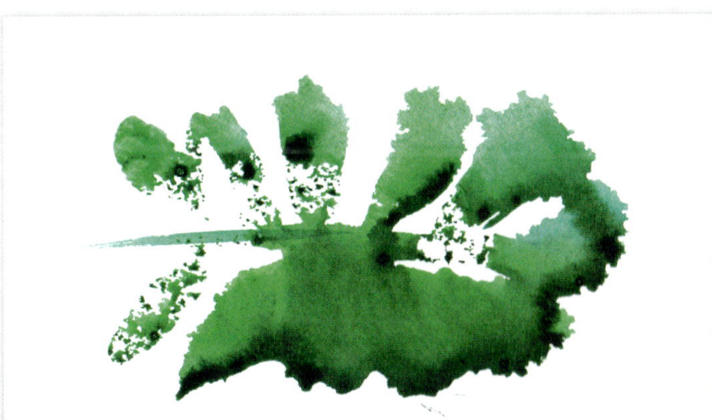

Abklatsch-Druck mit einer Glasplatte

Schütten und Spritzen

Mit flüssiger Farbe, die geschüttet oder gespritzt wird, entstehen fast von alleine organische, geschwungene Formen. Das Fließen lassen der Farbe lässt die Formen mit Leichtigkeit entstehen, mit der Sprühflasche kann nachgeholfen werden. Den weich verlaufenen Flächen kann mit dem Stift oder der Tuschefeder wieder etwas Kontur gegeben werden.

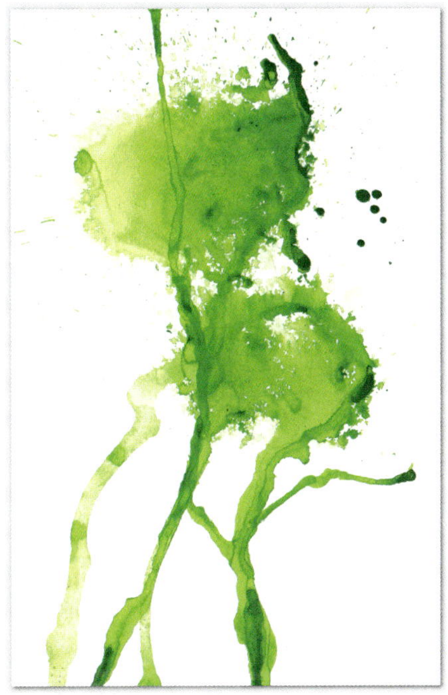

Kleine Tusche-Schüttung: Die nasse Tusche wurde mit dem Föhn vertrieben, um Laufspuren entstehen zu lassen.

Einbindung in Bildmotive

Die hier in diesem Kapitel vorgestellten Techniken können gemischt und auch in Acrylbilder eingearbeitet werden. Grafische Elemente bereichern die Malerei und bringen einen weiteren Kontrast hinein – den Kontrast zwischen Fläche und Linie oder zwischen Linie und Struktur. Durch das Verlaufen der flüssigen Farben und Setzen von festen Konturen kommt der Kontrast von hart und weich hinzu.

Kolorieren der Zeichnung

Beim Kolorieren sollte man darauf achten, die Flächen nicht ganz auszumalen, sondern mit den Formen ähnlich locker umzugehen wie mit den Konturen. Durch freibleibenden weißen Untergrund entsteht das Licht in der Zeichnung. Dafür kann man versuchen, bewusst etwas ungenau zu arbeiten und nicht die ganze Kontur zu füllen. Meist geht zu viel Perfektion auf Kosten der Lockerheit.

Eine gute Möglichkeit ist es, verschiedene Materialien zu kombinieren, wie z. B. einen wasserfesten Stift und eine wasserlösliche Farbe zum Kolorieren. Ölkreide und Aquarellfarbe bieten sich an oder eine Konturen-Federzeichnung mit wasserfest auftrocknender Tusche und eine anschließende Nass-in-Nass-Kolorierung.

Ein ganz anderer und deswegen besonders spannender Ansatz ist es, zuerst den Farbfleck zu malen oder zu drucken und dann erst im zweiten Arbeitsgang die Konturen hinzuzufügen. So vermeidet man schon im Ansatz, die Konturen zu genau auszumalen.

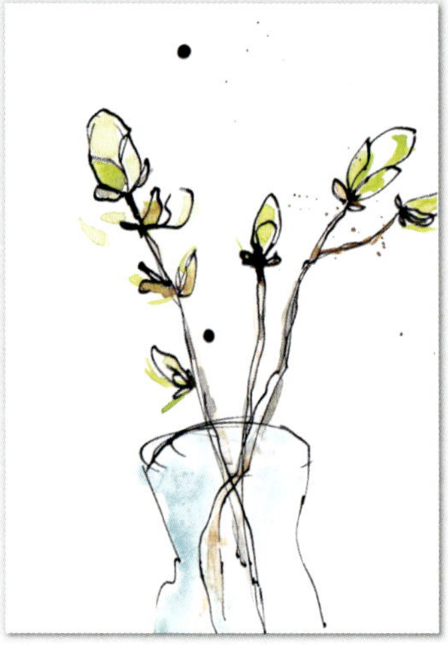

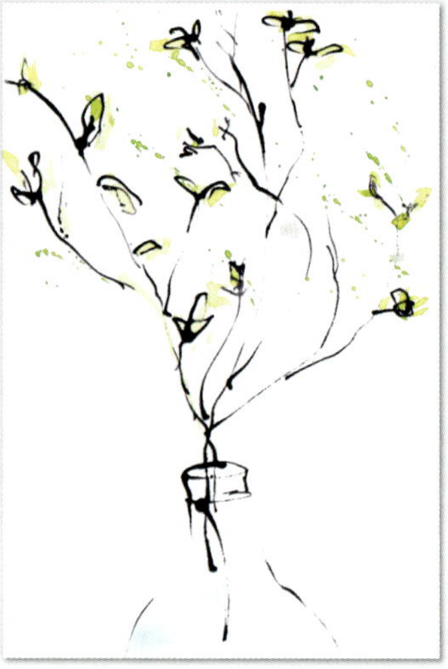

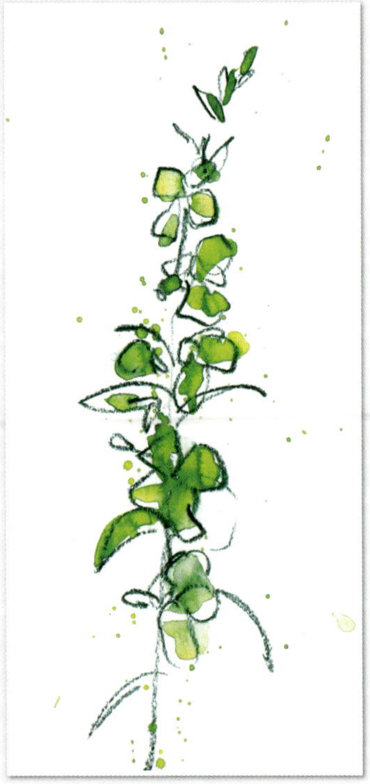

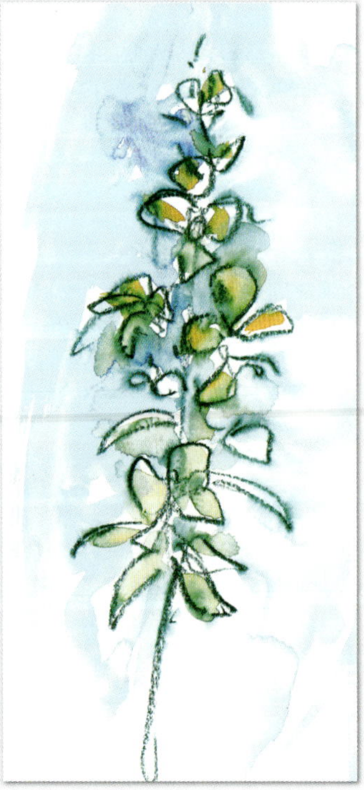

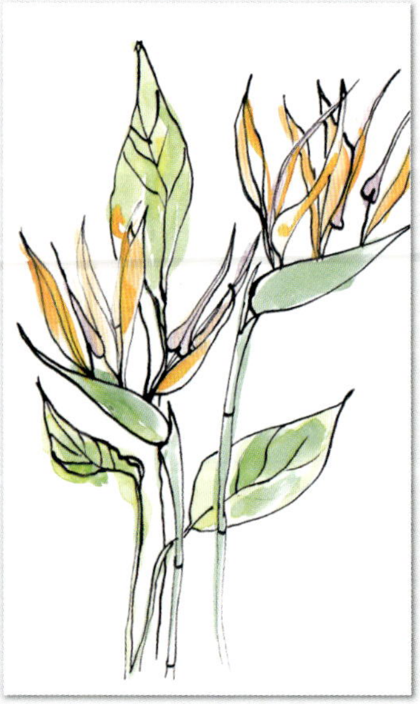

Zeichnung einer Rispe mit wasservermalbarer Ölkreide, links koloriert mit Tusche, rechts mit Aquarellfarbe. Hier ist zusätzlich der Hintergrund bemalt.

Als erstes wird die Tuschezeichnung mit der Feder angelegt, nach dem Trocknen die Zeichnung locker mit Aquarellfarbe koloriert.

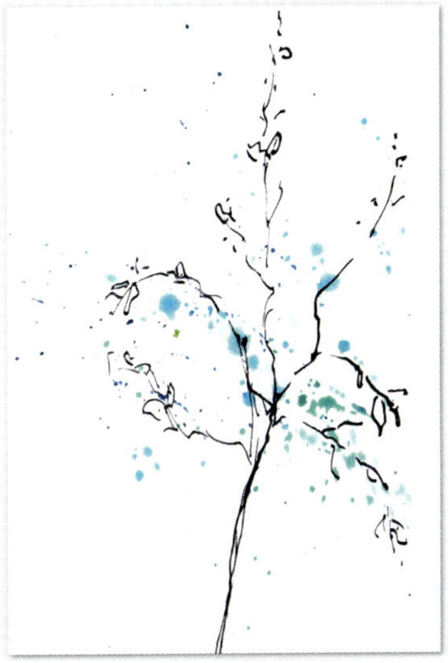

Hier wird umgekehrt gearbeitet, erst mit Aquarellfarbe gespritzt, nach dem Trocknen wird die Tuschezeichnung über die Flecken gearbeitet.

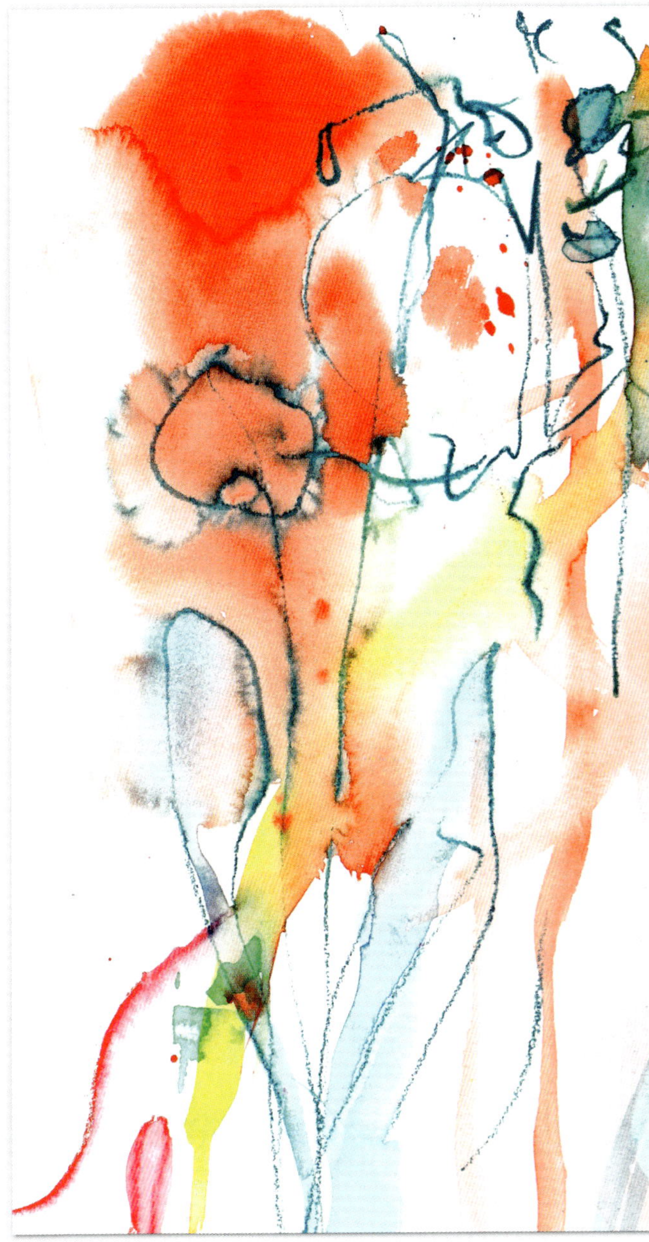

Beispiel für eine freie organische Zeichnung mit wasservermalbaren Stiften und anschließender Kolorierung mit Aquarellfarbe.

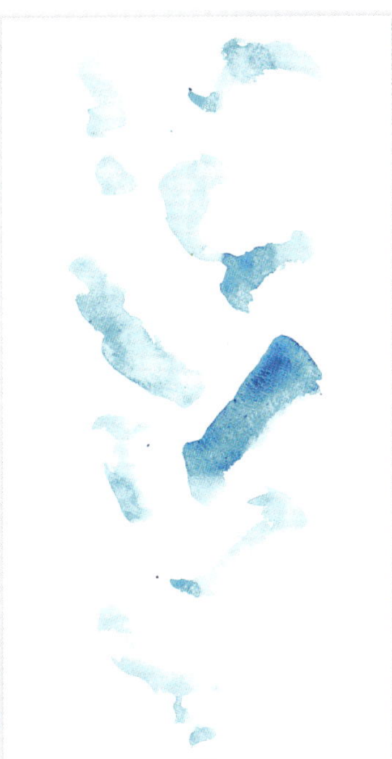

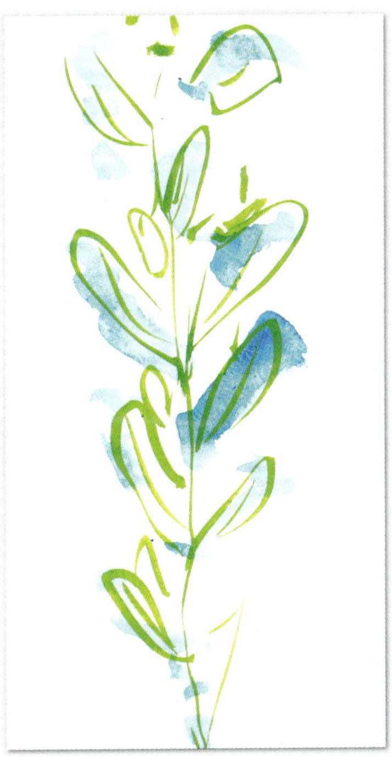

Auch hier sind zunächst die Farbflecken entstanden, dann die Pinselzeichnung mit Tusche.

Bildaufbau

Gerade beim freien Experimentieren und bei der spielerischen, zufälligen Bildentwicklung ist es wichtig, ein paar Kompositionskriterien zu kennen, um einen spannenden Bildaufbau zu erhalten. Es ist jedoch keineswegs von vorne herein notwendig, nach diesen Kriterien zu arbeiten, aber je weiter man in der Gestaltung eines Bildes fortschreitet, desto wichtiger sind Aspekte wie Kontraste, Konzentrationen oder Blickführung. Spätestens wenn am Ende der Eindruck besteht, dass dem Bild noch etwas fehlt, ist es an der Zeit, darüber nachzudenken.

Weiche Farbübergänge 1

Eine der wichtigsten Grundtechniken ist die Trockenpinseltechnik. Dabei verwendet man kein Wasser und verzieht die Farben weich und ohne Pinselstrich, um ruhige Farbflächen zu erzeugen. Diese ruhigen Flächen ordnen sich im Bild hinten an, besonders bei bläulich-hellen Bemalungen.

Pinselduktus 2

Mit mehr Farbe auf dem Pinsel und sogar etwas Wasser ist der Pinselstrich gut sichtbar. Dies sorgt für lebendige, strukturierte Flächen, die mehr in den Blick kommen als die weichen Farbübergänge des trockenen Pinsels. Dabei bestimmt die Richtung, in die der Pinsel geführt wird, unter anderem die Wirkung des Bildes.

Pastose Farbe 3

Dicke, unverdünnte Farbe wirkt immer ein wenig plakativ. Aber manchmal ist es vielleicht genau das, was erwünscht ist. Es gibt einige Werkzeuge, die sich gut mit pastoser Farbe verwenden lassen und deren Zufälligkeiten dennoch locker wirken, wie z. B. der Colour Shaper.

Lasuren 4

Mehr Leichtigkeit hat flüssige Farbe, die Lasur, z. B. mit Wasser verdünnte Acrylfarbe. Auf Strukturgründen entfaltet die Lasur besonders gut ihre Wirkung, da die Farbe in die Vertiefungen läuft und der helle Untergrund hindurchschimmert. Achtung: Bei farbigen Untergründen sollte man immer darauf achten, dass die Schichtungen nicht zu schmutzig werden. Deswegen keine Komplementär-Farben übereinander lasieren!

Granulieren 5

Diese Technik, bekannt aus der Aquarellmalerei, bedeutet, etwas Farbe auf den Pinsel zu nehmen und diesen flach über eine Struktur zu führen, sodass nur die Erhöhungen bemalt werden.

Schichtungen 6

Tiefe im Bild erhalten wir unter anderem durch Schichtungen. Diese können deckend oder auch transparent sein. Wichtig ist, dass nicht immer die komplette Fläche deckend bemalt wird, weil es dann wieder nur eine sichtbare Schicht ist und die Tiefe verloren geht.

1

2

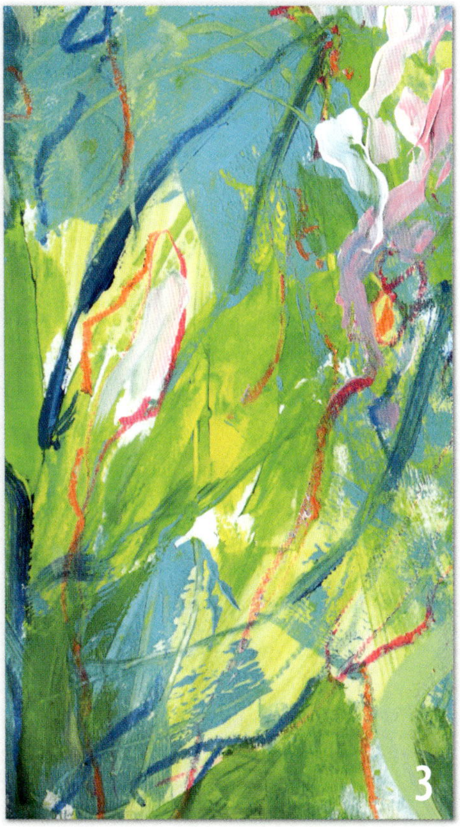
3

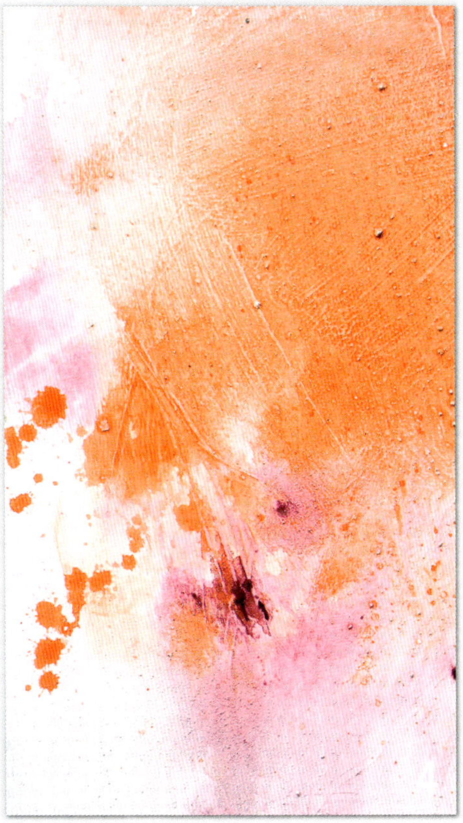

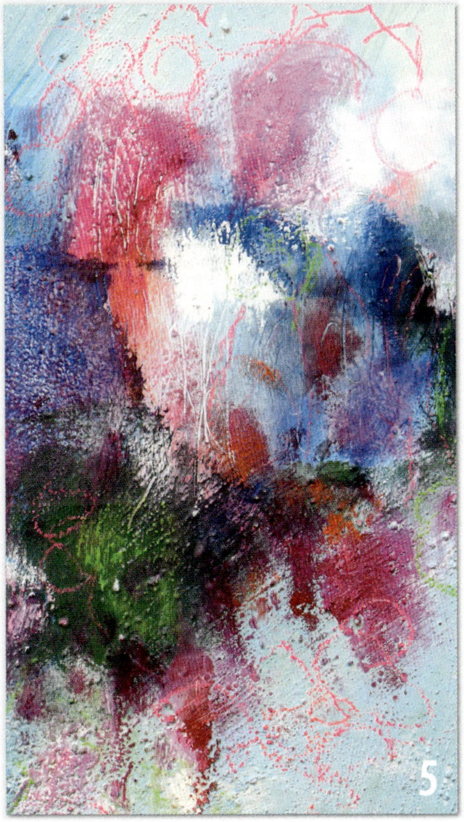
5

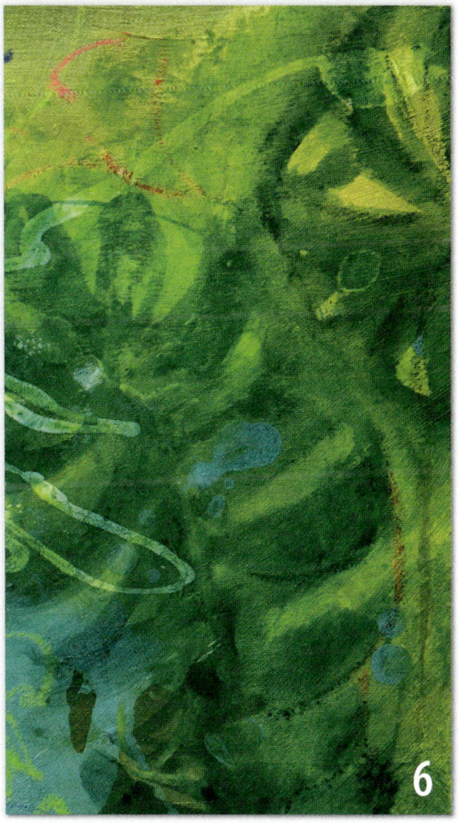
6

Kratzzeichnung und gezeichnete Linie 7

Gekratzte oder gezeichnete Linien müssen nicht solitär stehen bleiben, sondern auch sie werden durch die nächsten Farbschichtungen zum Teil wieder eingearbeitet.

Konturieren 8

Um Formen besonders hervorzuheben, können diese kräftig konturiert werden. Dabei sollte man allerdings nicht zu exakt arbeiten, weil sonst die Wirkung etwas „steif" ist.

Komplementärkontrast 9

Eine Möglichkeit, Spannung im Bild zu erzeugen, ist der Komplementärkontrast, als die Verwendung von im Farbkreis gegenüberliegenden Farben. Im Bild ist der Komplementärkontrast von Rot und Grün zu sehen, in einer abgeschwächten Form mit Pastelltönen.

Farbqualitäten 10

Spannung bringen auch verschiedene Farbqualitäten im Bild. Hier ein Beispiel mit ganz reiner Farbgebung (Rot-Orange-Pink) und gebrochenen Grautönen. Der Hell-Dunkel-Kontrast ist einer der dominantesten Kontraste (hier als Linien sparsam eingesetzt).

Abstraktion 11

Wie genau man sich an das realistische Abbild von Pflanzenformen hält, ist jedem selbst überlassen. Ich arbeite gerne mit frei entwickelten, organischen Formen. So hat der Betrachter mehr Interpretationsspielraum. Schon mit wenigen Pinselschwüngen kann man Vegetation darstellen, wenn die Farbigkeit dies unterstützt.

Licht und Stimmung 12

Wirklich lebendig wirken Gestaltungen erst, wenn mit der Stimmung und dem Licht gespielt wird. Und auch damit kann man frei umgehen und ruhig ein wenig übertreiben.

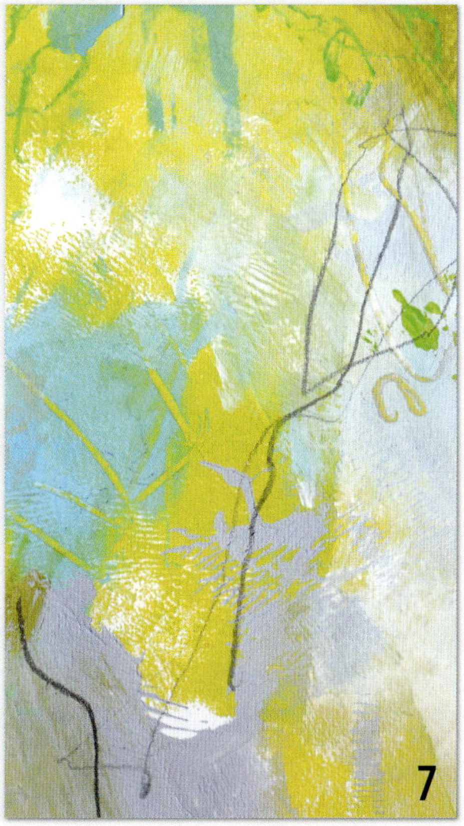
7

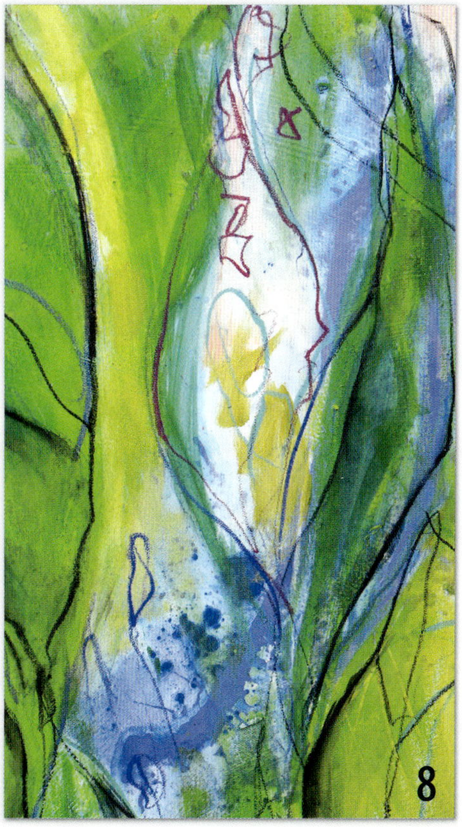
8

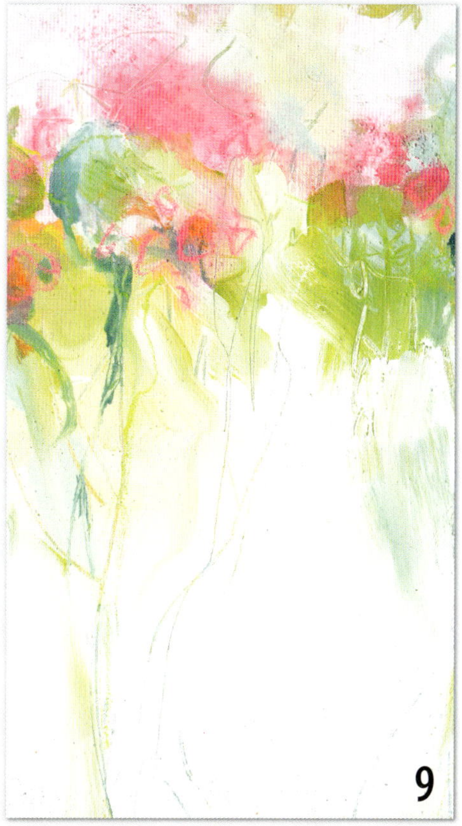
9

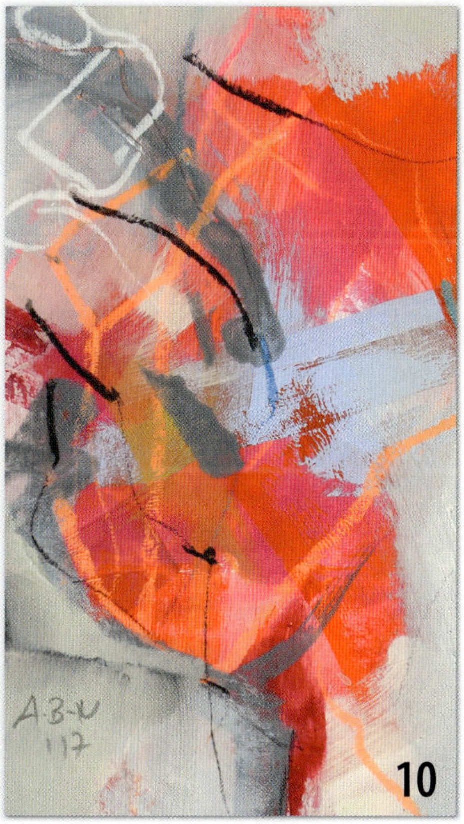
10

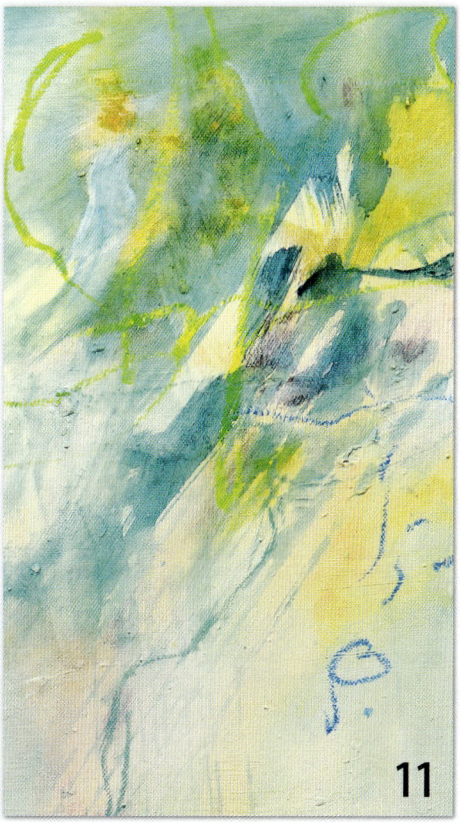
11

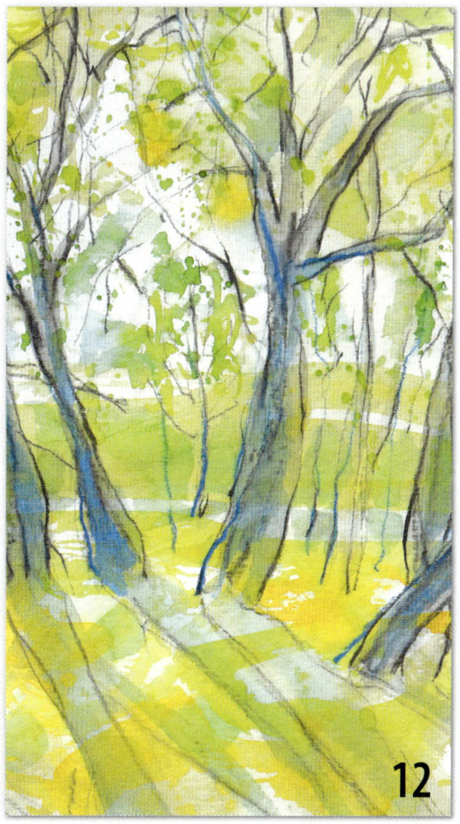
12

Motive und Techniken

Gräser auf rundem Malkarton

Tiefe durch Tonwerte

Material:

- *3 runde Malkartons in 30 cm Durchmesser*
- *Tusche in Türkis und Gelbgrün*
- *Aerocolor in Zitronengelb*
- *Tusche in Dunkelgrau*
- *Linierer oder Pinsel mit langer dünner Spitze*
- *Sprühflasche mit Wasser*

Bei dieser Darstellung wird mit der Tiefenwirkung unterschiedlich verdünnter Farbaufträge gespielt. Das ungewöhnliche runde Format ist ein weiterer Blickfang, weil es in Spannung mit der zarten, linearen Darstellung geht.

1 Zunächst die Malkartons mit der Sprühflasche befeuchten. Einige Stellen dabei trocken lassen, damit diese Flächen später weiß bleiben, weil die Tusche dort nicht hinfließt. So bleibt der hellste Tonwert erhalten.
Nun ein paar Tropfen Tusche oder Airbrush-Farbe ins Nasse geben. Das genügt, damit sich der feuchte Untergrund zart einfärbt. Man kann auch den Untergrund bewegen, um den Farbfluss zu lenken oder mit der Sprühflasche noch einmal nachsprühen, damit die Farbe stärker verläuft.

Tipp:
Beim Anlegen der Untergrundflächen nicht zu viele Strukturen erzeugen, damit diese nicht von den feinen Gräsern ablenken.

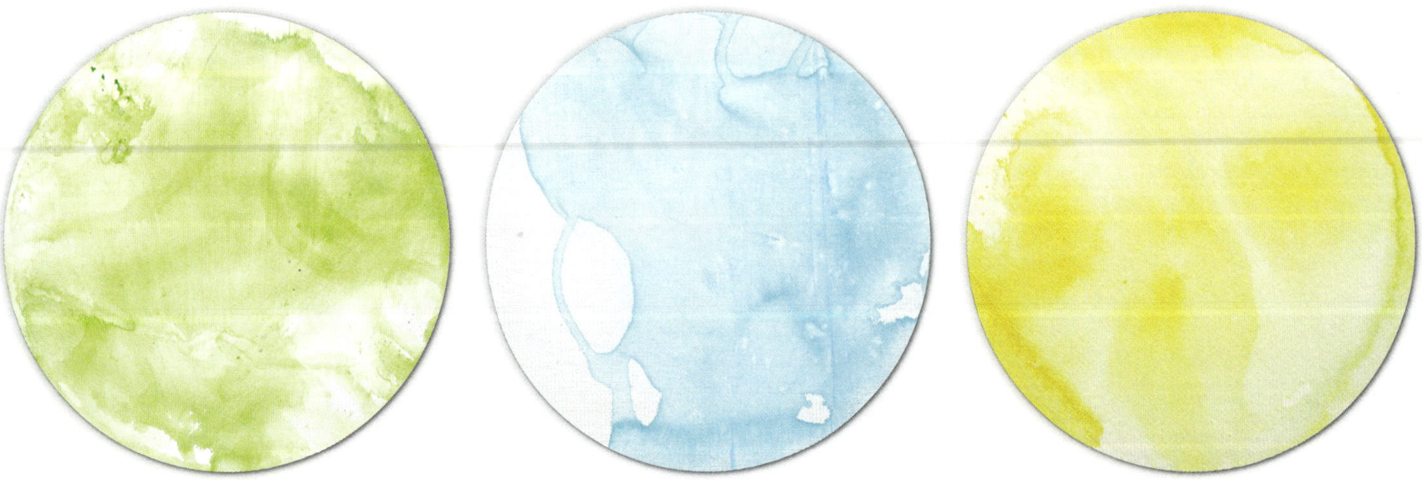

1 Farbigen Untergrund anlegen

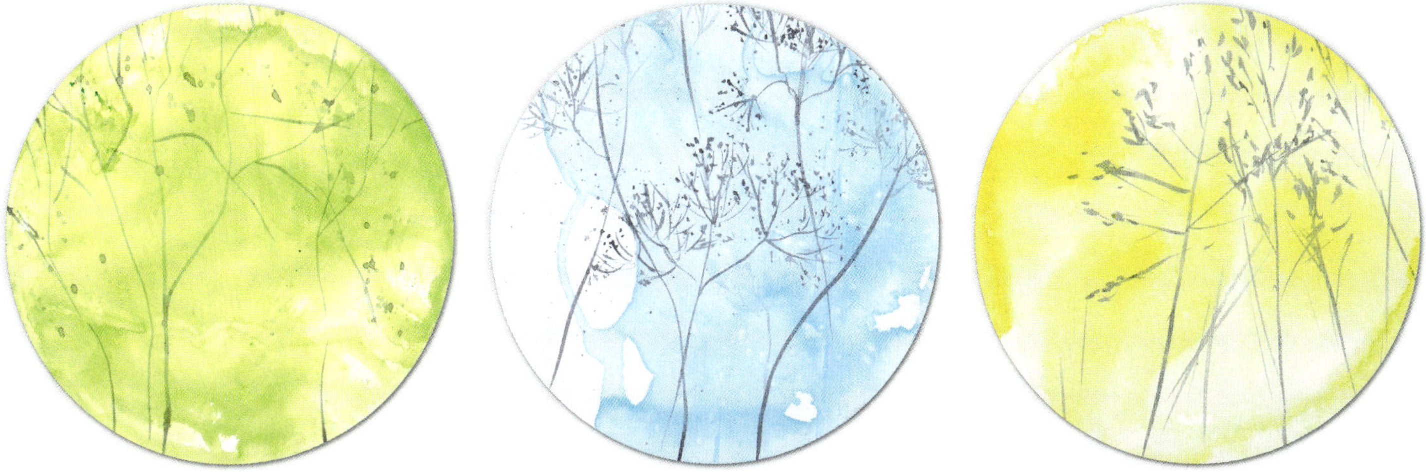

2 Zarte Konturen zeichnen

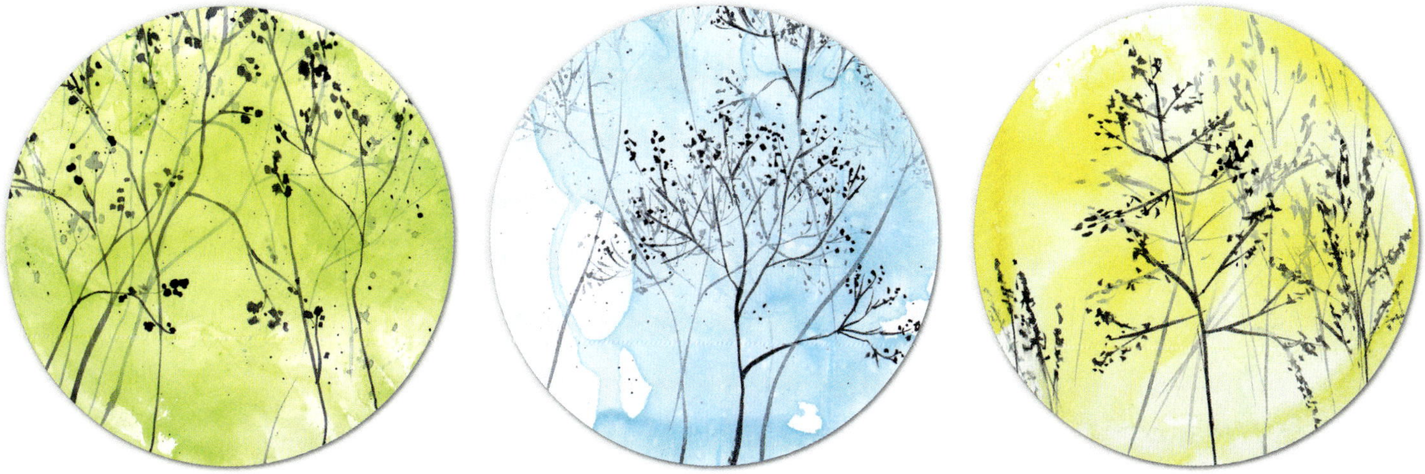

3 Den Kontrast verstärken

2 Nach dem Trockenen mit dem Linierer die ersten Gräser zeichnen. Die dunkelgraue Tusche dafür etwas verdünnen, damit sie blass erscheint, so als wären diese Gräser weiter weg. Damit die Linien nicht zu dick werden, die Pinselspitze nur ganz leicht aufsetzen. Wichtig ist auch, die Linien in einem leichten „Schwung" zu malen, damit sie auch wirklich organisch wirken. Die Samen der Gräser unregelmäßig mit dem Pinsel auftupfen. Zusätzlich ein paar Tropfen auf den Untergrund spritzen – das wirkt leicht und locker. Nun wieder trocknen lassen. Auch die Platzierung der Stängel sollte asymmetrisch sein, d. h. die Abstände zwischen den Rispen sind unterschiedlich breit. So wirkt die Gestaltung natürlich.

3 Für die nächste Schicht die Tusche gar nicht oder nur ganz wenig verdünnen, damit der Tonwert dunkler ist. Deshalb sieht diese Schicht so aus, als lägen diese Gräser vor den blassen, die durch den helleren Tonwert nach hinten treten. Dennoch nur feine Linien setzen. Wenn man in dieser Weise unterschiedliche Tonwerte und die Bildelemente schichtet, entsteht ganz leicht Tiefe im Bild.

Kirsch- und Apfelblüten

Aquarell auf Leinwand

Material:

- *2 Aqua-Keilrahmen (Keilrahmen bespannt mit Aquarellpapier) 50 x 40 cm*
- *Aquarellfarbe in Magenta, Orange, Indigo und Vandyckbraun*
- *Airbrush-Farbe in Weiß*
- *Aquarellpinsel in Stärke 20*
- *Linierer oder Kalligrafiepinsel*
- *Woodys in Magenta, Hellgrün, Gelb, Rosa und Dunkelblau*

Tipp:

Bei der Verwendung des Aqua-Keilrahmens kann das Bild ohne Rahmung und Passepartout präsentiert werden. Aber die Aquarellfarbe bleibt natürlich wasserlöslich. Deswegen am besten das fertige Bild vor der Hängung mit einem matten Sprühfirnis für Aquarellfarbe versiegeln. Aquarellfarben sind aus allerfeinsten Pigmenten hergestellt. Deswegen schwimmen diese besonders gut auf der Wasseroberfläche, bilden zarte Verläufe und eine schöne Transparenz. Allerdings lassen sie sich nicht gut korrigieren oder übermalen, denn sie lösen sich dabei wieder an. Denkbar wäre dieses Motiv auch mit Tusche oder verdünnter Airbrushfarbe gearbeitet. So wäre das Bild wasserfest und müsste nicht fixiert werden.

Zart und duftig wirkt dieses aquarellierte Motiv. Es ist locker und leicht in reduziert fernöstlicher Anmutung umgesetzt.
Das Besondere daran ist, dass zunächst die Farbflecken der Blüten gemalt und getropft werden. Erst anschließend kommen die Zweige hinzu. Aquarellfarbe benötigt viel Wasser, damit sie fließt. Je mehr Wasser verwendet wird, desto blasser sind jedoch die Farben. Die Kunst ist es, die Balance zu finden, um farbintensiv zu arbeiten und die Leichtigkeit zu bewahren, ohne die Flächen komplett dicht zu malen.
Aus diesem Grunde habe mich dazu entschieden, den Hintergrund nicht farbig zu gestalten, damit die Wirkung des Bildes sehr licht und luftig bleibt.

1 Zunächst Blütenformen auf den Malgrund malen: Mit dem runden Aquarellpinsel Farbe aufnehmen und den Pinsel flach über das Bild rollen, damit die Blüten zufällig entstehen. Dabei die Farbe in verschiedenen Konzentrationen verwenden, damit es unterschiedliche Tonwerte ergibt. Im zweiten Bild die Farbe verdünnter und mit mehr Orange verwenden. Ein paar Farbspritzer dazu geben. Jetzt erst einmal trocknen lassen.

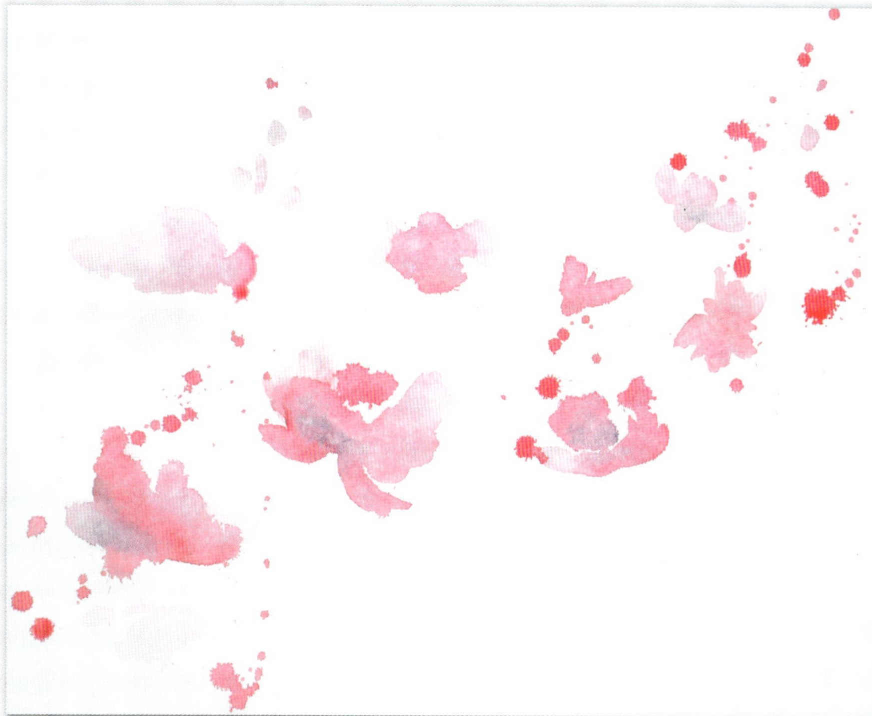

Hier wurde die Aquarellfarbe konzentrierter und kräftiger verwendet.

Durch Verdünnung mit mehr Wasser sind in diesem Bild die Farbtöne zarter.

Tipp:
Damit beide Bilder zusammenpassen, aber dennoch unterschiedlich sind, kann mit kühleren und wärmeren Tönen gespielt werden.
Bild 1 hat einen kühleren Klang, Bild 2 einen wärmeren Klang durch das Zugeben von Gelb.

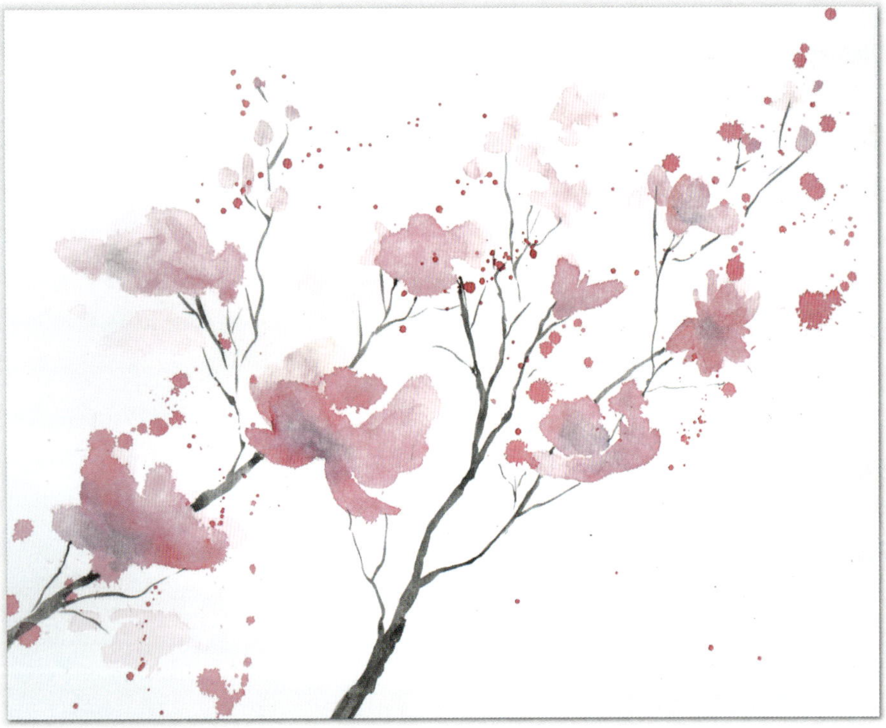

Die Farbe der Zweige ist ebenfalls stark konzentriert.

2 Nun werden die Blüten durch Zweige verbunden. Dazu mit dem Linierer oder dem Kalligrafiepinsel locker gezeichnete Pinsellinien in Vandyckbraun und Indigo gemischt zwischen die Blüten setzen. Bei Bedarf zur Auflockerung weitere Punkte in Magenta oder Orange dazu spritzen. Natürlich können zur Ergänzung noch weitere Blüten hinzugemalt werden, damit die Komposition spannend, aber dennoch ausgewogen ist. Die Anordnung sollte dabei nicht zu symmetrisch bzw. zu mittig sein.

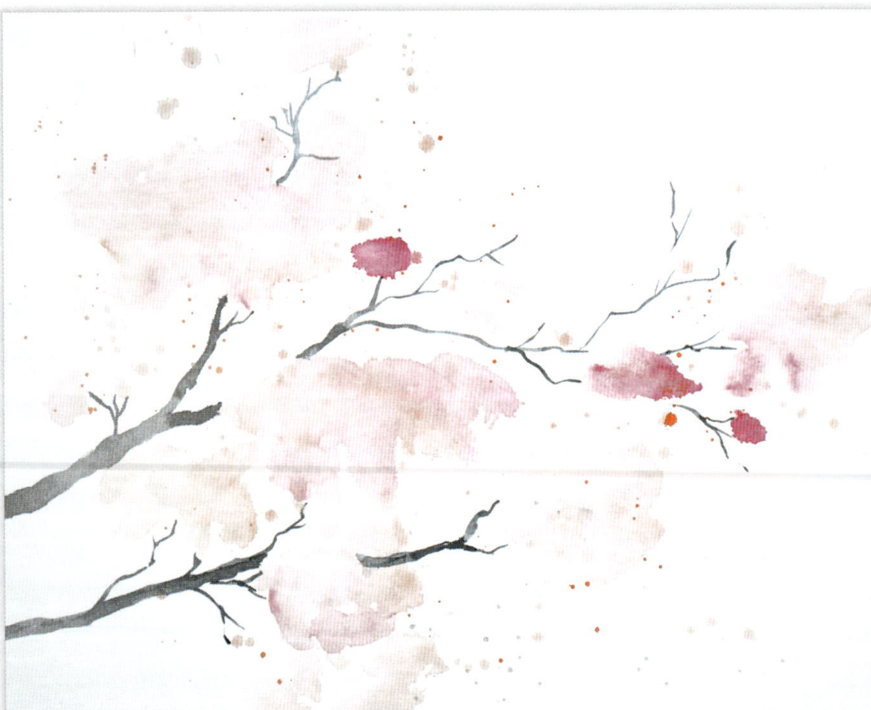

Der Tonwert der Zweige ist dem Tonwert der Blüten angepasst.

3 Jetzt mit dem Woody in Magenta um die zarten Kirschblüten arbeiten, um diese prägnanter zu gestalten. Dabei locker und mit unterschiedlich starkem Druck zeichnen. Als Komplementärkontrast einige grüne Linien hinzufügen.
Die helleren Apfelblüten erhalten mit dem gelben Woody ein anderes Licht. Dazu kommen außerdem noch Linien in Rosa und Orange sowie Konturen mit weißer Airbrush-Farbe. Als verstärkenden Komplementärkontrast in die dunklen Zweige blaue Linien zeichnen.

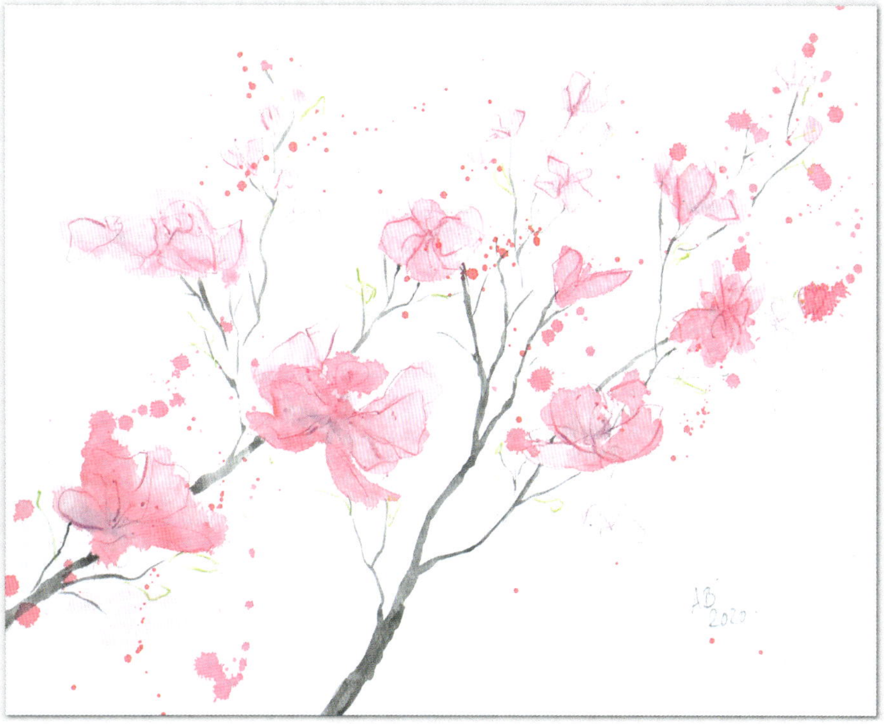

Konturen mit Stiften gezeichnet geben den Blüten zusätzlich Form.

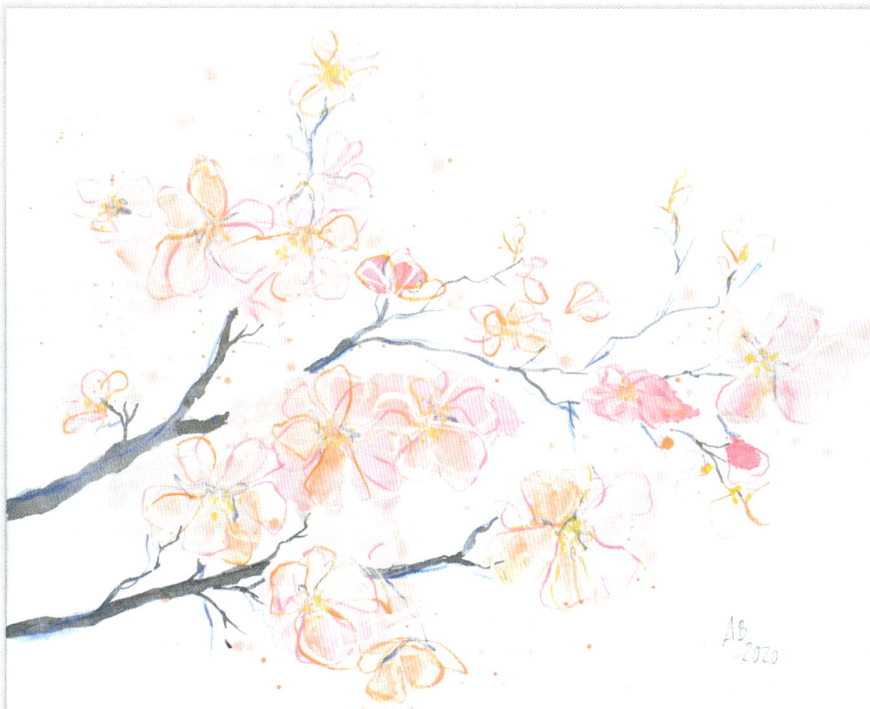

Die Apfelblüten sind sehr blass und kontrastarm zum Untergrund, deswegen werden hier verschiedene farbige Konturen eingesetzt.

Tipp:
Auf dem Aquarellpapier lässt es sich ganz wunderbar zeichnen, denn die Oberfläche ist glatter als bei einem mit Gewebe bespannten Keilrahmen für die Acrylmalerei.
Aquarellbuntstifte oder Grafitstifte können auf diesem Untergrund ebenfalls sehr gut verwendet werden.

Expressive Gladiolen

Schellack und Tusche

Material:

- *2 Leinwände 20 x 60 cm*
- *Schellack lemon und Pipette*
- *Tusche in Magenta und Orange*
- *Sprühflasche mit Wasser*
- *Acrylfarben in Elfenbein, Chinacridonrosa hell, Hellgrau*
- *Woody in Hellgrün*
- *Borstenpinsel 2“*
- *Linierer*

An diesem Duo stelle ich eine intuitive Vorgehensweise vor. Ineinanderfließende Materialien, die sich gegenseitig abstoßen und Strukturen bilden, sind als Bildeinstieg immer sehr spannend. Hier habe ich „harzigen“ ***Schellack und*** *„wässrige“* ***Tusche*** *verwendet, die sich nicht verbinden, sondern gegenseitig abstoßen. So entstehen die Formen von selbst und werden durch die Bemalung des Umraums etwas „eingefangen“.*
Das zweite Bild des Duos ist ähnlich gearbeitet, nur habe ich hier mehr Magenta und weniger Orange verwendet, dadurch unterscheidet es sich in der Farbgebung vom ersten Bild.

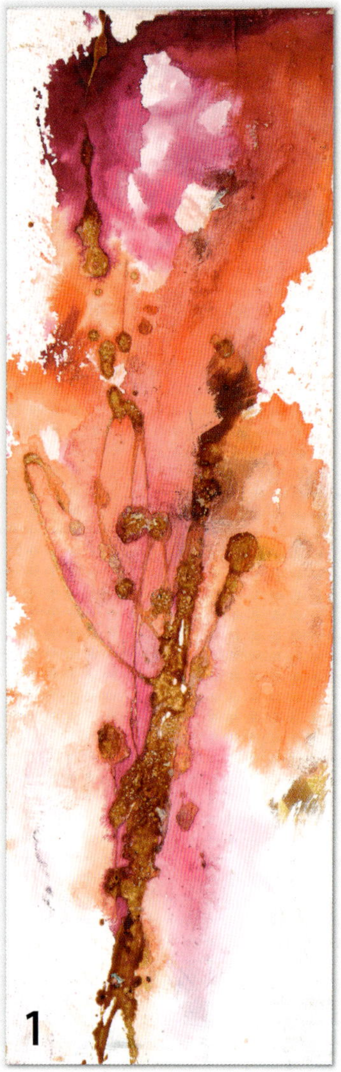
1

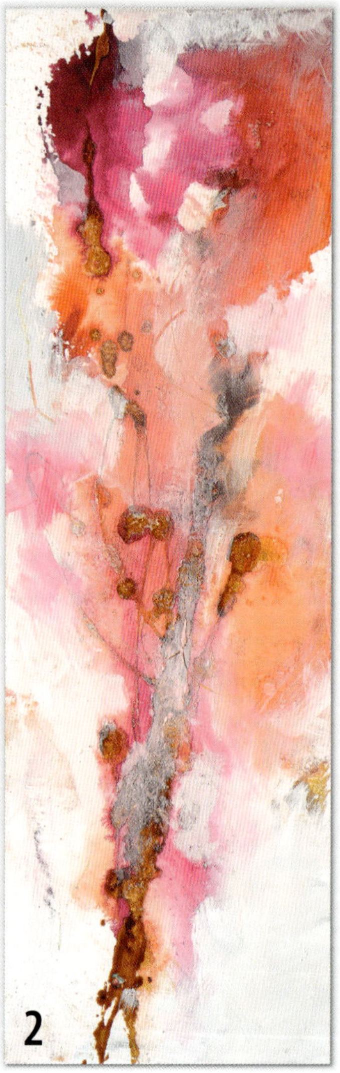
2

1 Mit der Pipette den Schellack in senkrechten, leicht gebogenen Schwüngen auf den Untergrund tropfen und spritzen. Evtl. durch größere Tropfen entstandene Punkte in die Gestaltung mit einbeziehen. Solche Zufälligkeiten und vermeintliche Fehler machen das Bild lebendig. Mit einer zweiten Pipette Tusche in Magenta und Orange aufträufeln. Mit der Sprühflasche anfeuchten und die Tusche fließen lassen. Dann trocknen lassen.

2 Als Nächstes mit wenig Elfenbein, Chinacridonrosa und Hellgrau und dem trockenen Borstenpinsel außen um die organischen Formen herum malen. Dabei die starke, durchgehende Schellack-Linie abschwächen. Durch die Bemalung des Hintergrundes kann die Form der Blüten verändert und ein weicher Übergang oder eine harte Kante gestaltet werden. Eine klar abgegrenzte Form kommt mehr in den Blick und wirkt dominanter im Bild. Nun wieder trocken lassen.

3 Mit einem Linierer und magenta- und orangefarbener Tusche ein paar Konturen um die Blüten und angedeutete Knospen zeichnen. Diese Konturen mit etwas Wasser zu Flächen verziehen, sodass weitere Blütenblätter entstehen. Dabei bleiben diese Blätter durch die Transparenz der Tusche duftiger als mit Acrylfarbe gemalt. Mit einem hellgrünen Ölstift zum Abschluss angedeutete Zweige hinzusetzen.

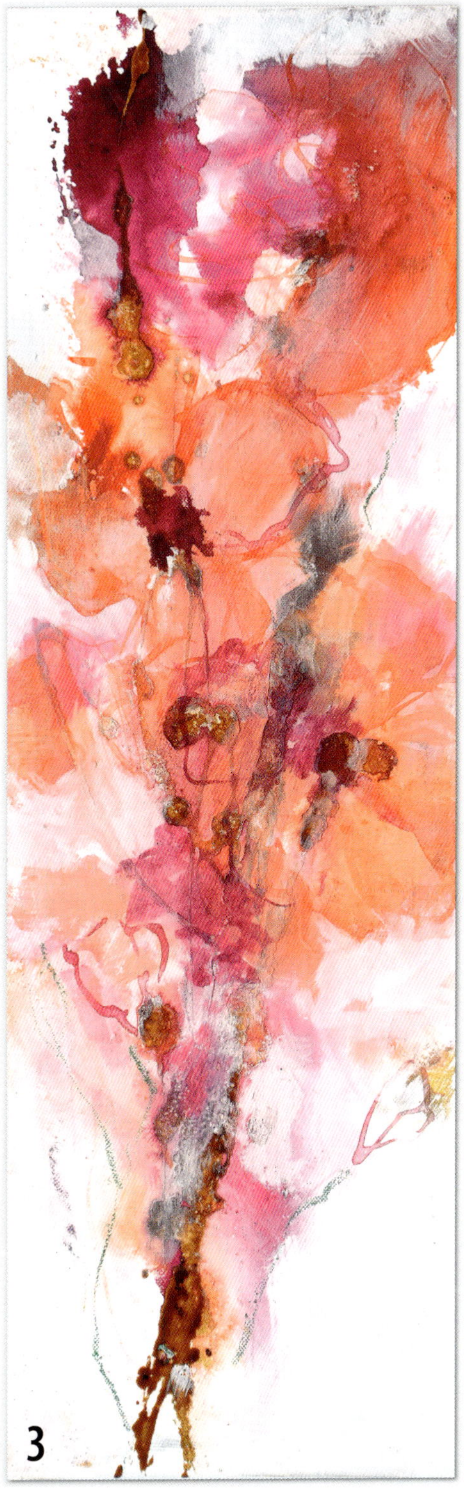

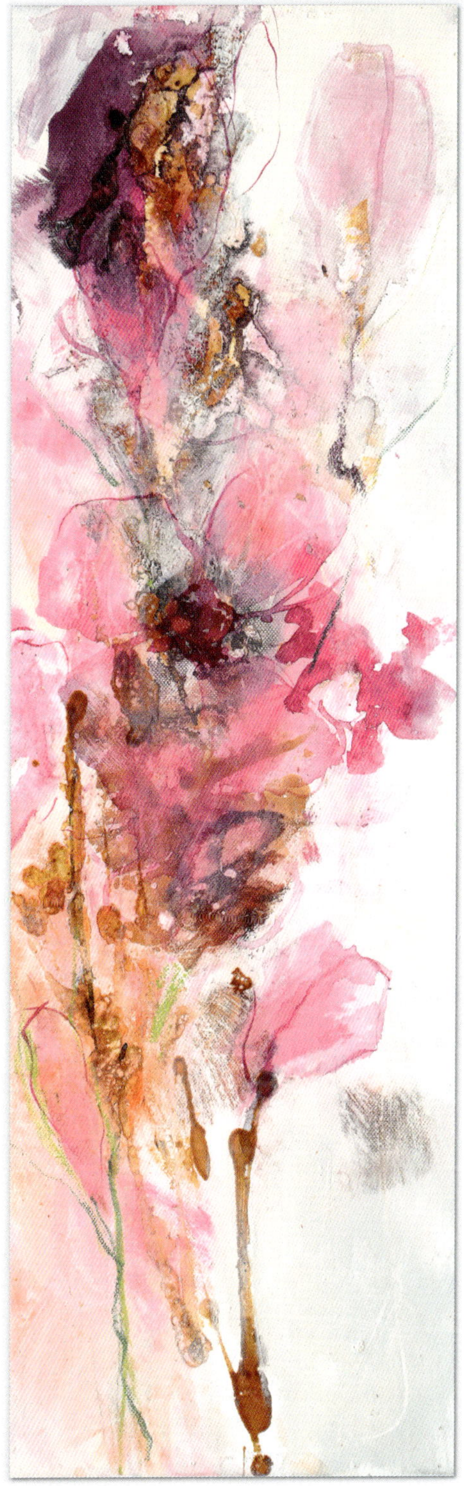

Seerosen-Teich

Pastoser Auftrag mit dem Colour Shaper

Material:

- *Leinwand 70 x 50 cm*
- *Acrylfarben in Himmelblau hell, Türkisgrün, Grüngelb, Cyan, Elfenbein, Titanweiß, Chinacridonrosa, Persischrosa, Lavendel, Neon-Magenta, Primär-Gelb, Neon-Gelb, Phthalotürkis, Kobaltblau*
- *Ölkreide in Neon-Orange*
- *Wasservermalbare Ölkreide in Rosa*
- *Gummirakel*
- *Colour Shaper 2,5 und 6 cm*
- *1,5"-Borstenpinsel*

Dieses Seerosen-Motiv ist eine sehr malerische Möglichkeit, Pflanzen darzustellen, denn hier wird viel Farbe nass in nass ineinander verzogen und so auf der Leinwand gemischt. Dadurch entstehen viele feine Farbnuancen und weiche Übergänge.
Auch ganz abstrakte Bilder oder abstrahierte Wasserspiegelungen können auf diese Weise spielerisch zufällig entstehen.

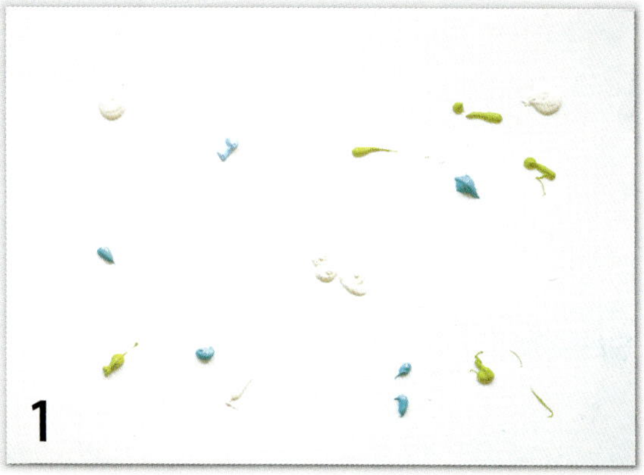
1

1 Die Acrylfarbe in Himmelblau hell, Elfenbein, Türkisgrün und Grüngelb in einzelnen Klecksen unmittelbar auf den Malgrund geben.

2

2 Die Farben nun mit dem bereiten Gummirakel in quer über den Untergrund verziehen. Dabei werden nicht alle weißen Leinwandstellen bedeckt. Daher die noch feuchte Farbe mit einem 1,5"-Borstenpinsel vermalen, um die meisten hellen Stellen zu schließen und zu beruhigen.
Mit etwas Cyan und einem Colour Shaper feine, unregelmäßige Rhythmen in die Fläche ziehen.

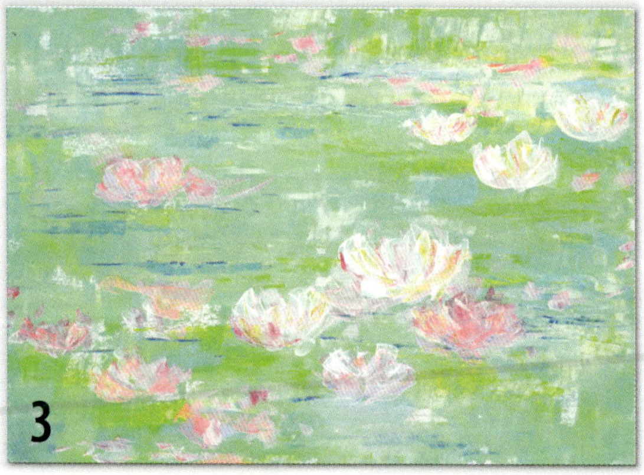
3

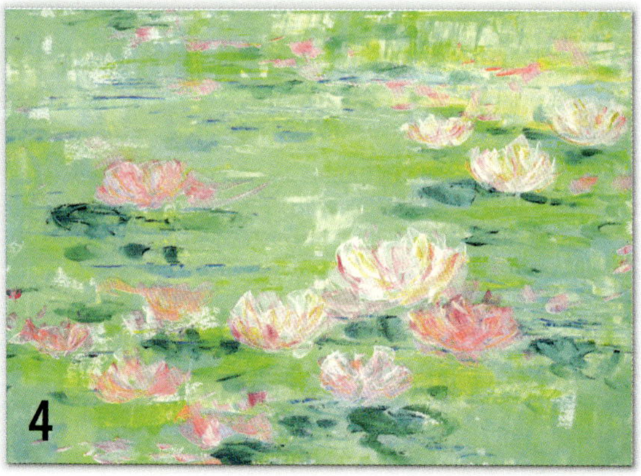
4

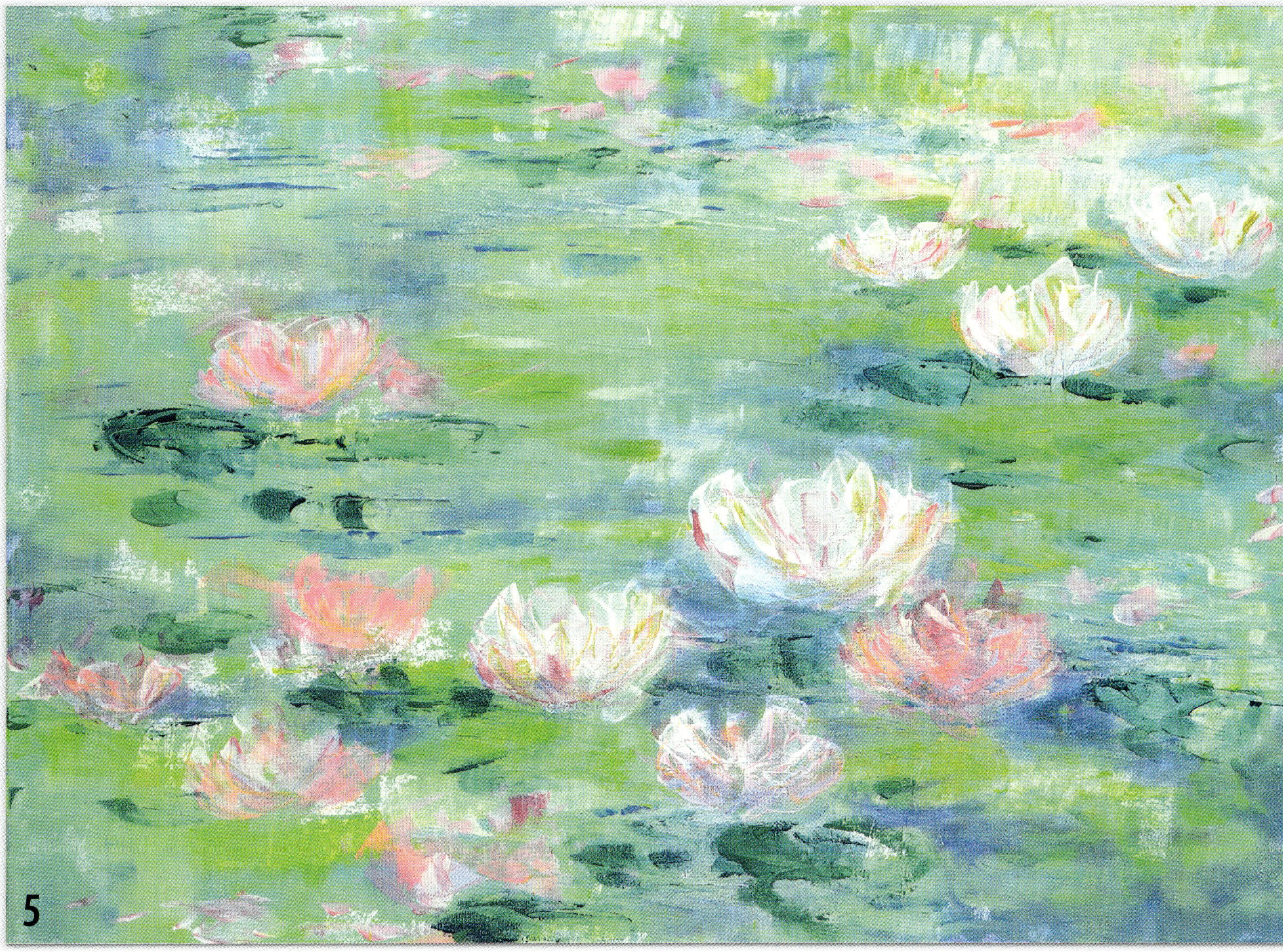
5

3 Jetzt die Seerosen mit dem schmalen, flachen Colour Shaper einfügen. Dafür Acrylfarbe in Elfenbein, Titanweiß, Chinacridonrosa, Persischrosa, Lavendel und wenig Cyan dick mit dem Shaper und in gebogenem Schwung auftragen und verziehen.
Mit der Platzierung der Blüten entsteht schon eine erste Blickführung: Links am Bildrand findet der Betrachter den Einstieg ins Bild und wird in die Tiefe, also schräg nach oben geführt.
Einige Lichter in Titanweiß, Neon-Magenta und Primär-Gelb lassen die Rosen schon plastischer wirken. Mit Neon-Gelb auf der Wasseroberfläche kommt Licht ins Bild.

4 Mit Blautürkis und dem schmalen Colour Shaper ovale Formen für die Blätter hinzufügen. Auch hier auf die Tiefenwirkung der Größen achten: Die Elemente im vorderen Bereich sind größer und zum oberen Bildrand hin werden die Formen kleiner und teilweise nur angedeutet. Die Seerosen erhalten nun noch ein paar Konturen mit Neon-Ölkreide in Orange und wasservermalbarer Ölkreide in Rosa.

5 Für mehr Tiefe im Bild mit einem trockenen Borstenpinsel in Gr. 16 und Kobaltblau bläuliche Schattenflächen setzen, indem die Farbe weich verrieben wird.
Zum Abschluss mehr Lichtflecke mit Acrylfarbe in Neongelb hinzufügen, um die Stimmung noch lebendiger zu gestalten.

Tulpen

Pastoser Auftrag mit dem Colour Shaper

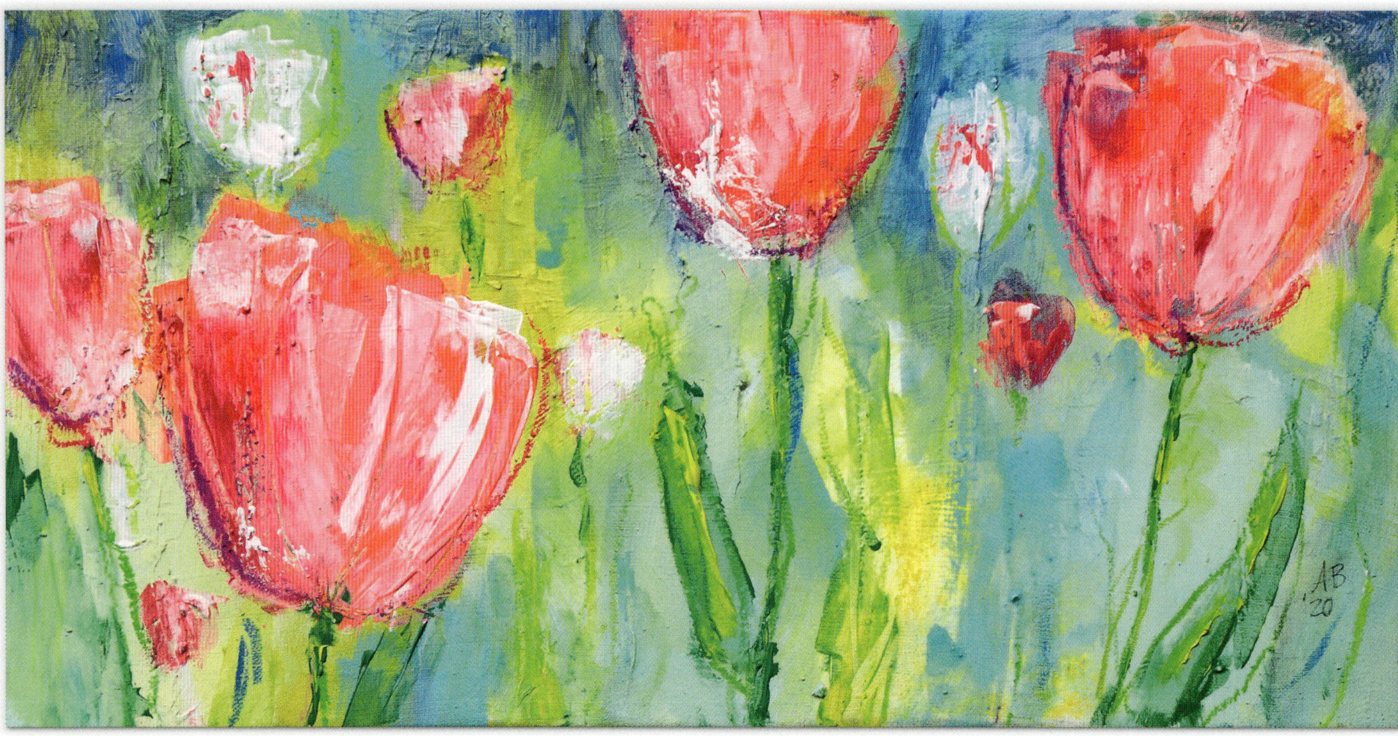

Material:

- *Leinwand 60 x 30 cm*
- *Acrylfarbe in Primärmagenta, Primärcyan, Primärgelb, Titanweiß, Neonrot, Türkisgrün, Grüngelb, Paul-Veronesegrün und Permanentrotviolett*
- *Ölkreide in Neongrün, Neonmagenta, Blau und Violett*
- *Borstenpinsel 1,5"*
- *Colour Shaper flach 1,5"*

Wer gerne experimentell und mit dicker, pastoser Farbe arbeitet, wird an diesem Motiv Freude haben.
Die Tulpen werden mit dem Colour Shaper aufgetragen, mit dem sich die Farben ähnlich wie mit einem Spachtel verziehen lassen. Die Farbflächen des Shapers wirken allerdings weicher, weil er auch weicher ist und deswegen durch Druck die Farbe anders verteilt. Mit einem Shaper lässt es sich auch nicht so exakt arbeiten, was also diejenigen herausfordert, die sehr genau und akkurat malen möchten.
Es ist vielleicht einen Versuch wert, die Kontrolle abzugeben und Zufälliges entstehen zu lassen? Einmal darauf eingelassen macht es unglaublich viel Spaß, die Farbflächen mit satter Farbe auf die Leinwand zu bringen!

Ausschnitt 1

Mit dem Colour Shaper lassen sich ganz einfach Formen modellieren. Durch die unterschiedlich dick verzogene Farbe in verschiedenen hellen und dunkleren Farbtönen wirkt diese Blüte plastisch und schattiert.

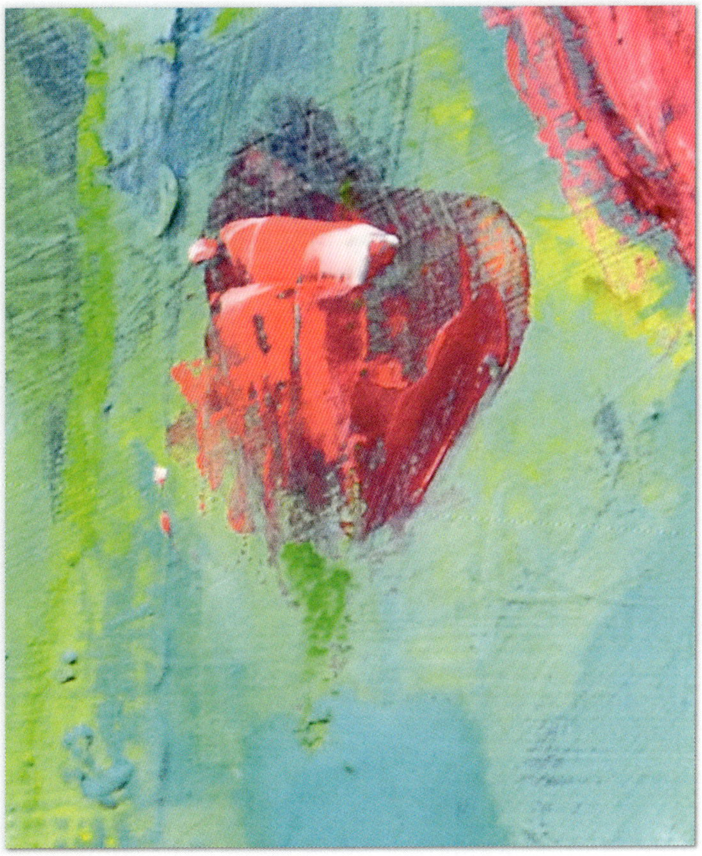

Ausschnitt 2

Spannung erhält das Bild neben der Farbgebung auch durch bewusst angeordnete, sehr unterschiedlich große Blütenkelche. Die Formen sollten nicht zu ordentlich und exakt gearbeitet werden.

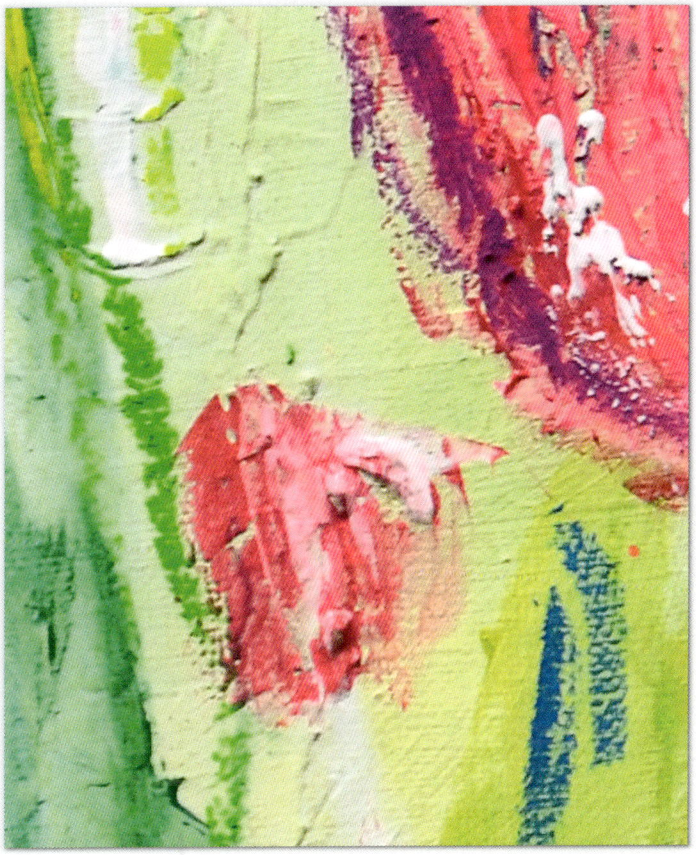

So geht es

Die Hintergrundbemalung in Hellgrün, Weiß und Primärgelb und einem Borstenpinsel anlegen. Dazu die Farbe weich und nass in nass ohne Wasser verziehen. Nun trocknen lassen.

Mit dem Shaper Primärmagenta, Neonmagenta und Titanweiß aufnehmen und Tulpenkelche in verschiedenen Größen auf den Malgrund setzen, das steigert die Tiefenwirkung. Sie können außerdem angeschnitten ins Bildformat platziert werden.

Mit Permanentrotviolett auf der linken Seite der Blüten etwas schattieren, ebenfalls mit dem Colour Shaper. Mit dem Pinsel gemalte Flächen in Türkisgrün kommen hinzu. Ebenfalls mit dem Shaper nun Stängel und Blätter in Paul-Veronesegrün formen. Um die lichte Wirkung zu verstärken, Blitzer mit Neon-Ölkreide in Gelb und Magenta zeichnen.

Als letztes Primärcyan als Schattenton oben ins Bild malen und Linien in Violett um die Tulpen, damit auch dort die Schattenwirkung verstärkt wird.

Eucalyptuszweige

Struktur, gekratzte Linie und Umraum

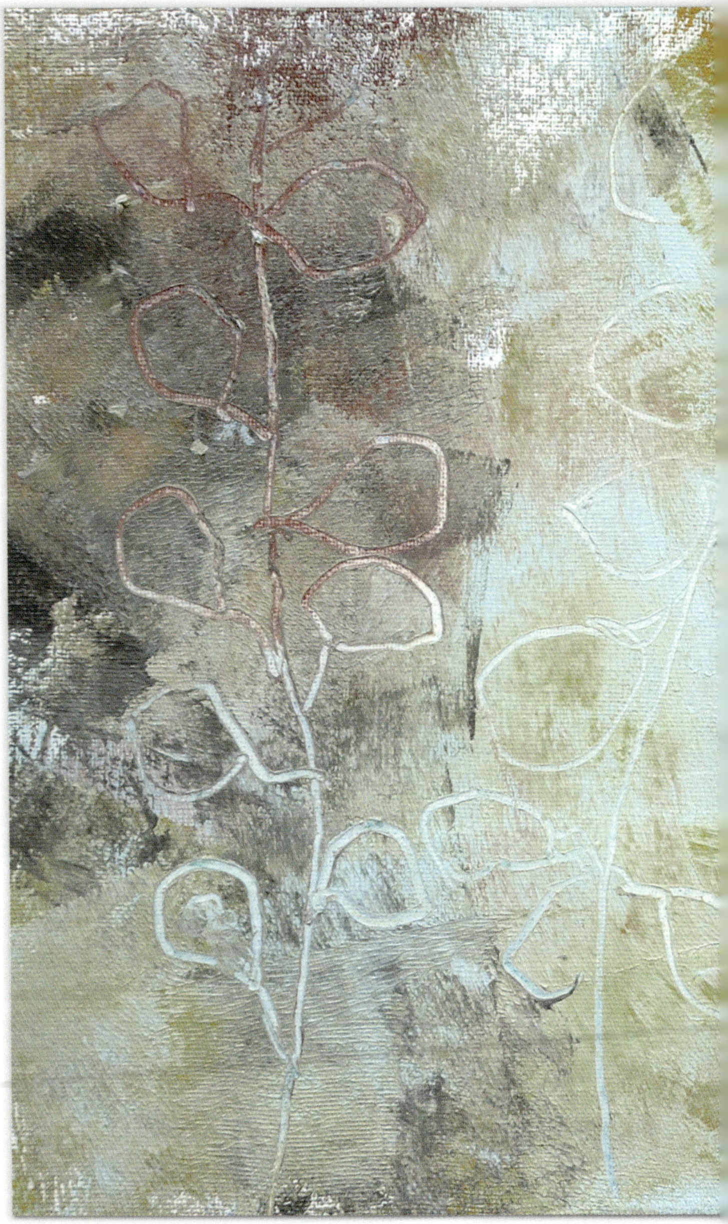

Material:

- *Leinwand 60 x 30 cm*
- *Acrylfarben in Arctis, Gelber Ocker, Primärgelb, Schiefergrau, Siena gebrannt, Kobaltblau, Titanweiß, Paul-Veronesegrün und Mittelgrau*
- *Grafitkeide*
- *Kreide in Weiß und Rostrot*
- *Linolwalze*

Das Arbeiten mit der Negativform, also mit dem Umraum, ist eine spannende Möglichkeit, Formen zu gestalten. Bei diesem Motiv wurde diese Methode durch das Hineinritzen der Linienformen ein wenig vereinfacht, denn so dienen diese Konturen später als Orientierungshilfe.

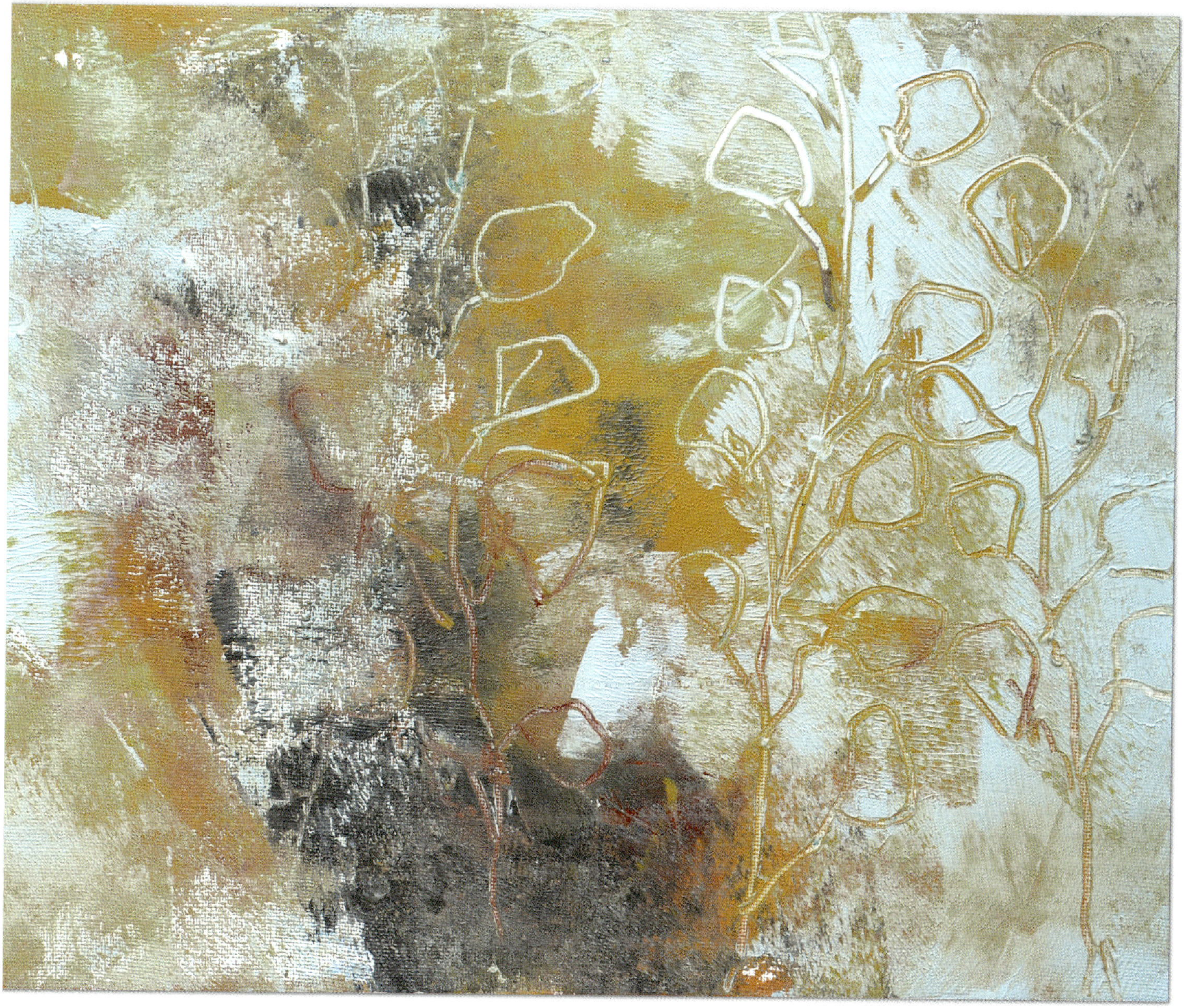

1 Acrylfarben in Arctis, Gelber Ocker, Schiefergrau und Siena gebrannt mit der Linolwalze mal dicker, mal dünner verrollen. So entstehen verschiedenfarbige Strukturflächen. Mit dem Pinselstiel sofort in die dicke, noch feuchte Farbe die Konturlinien der Eukalyptuszweige kratzen. Falls diese Kratzzeichnung nicht gelingt oder an der falschen Stelle sitzt, kann, solange die Farbe noch feucht ist, die Fläche durch Überwalzen wiederhergestellt werden. Dann die erste Schicht gut durchtrocknen lassen.

Leuchtendes Dschungelmotiv

Schwarze Leinwand

Material:

- *2 Leinwände 30 x 40 cm*
- *Acrylfarben in Paul-Veronesegrün, Himmelblau hell, Brillantgrün, Farn, Türkisblau, Primärcyan, Hellgrau und Primärgelb*
- *Abtönfarbe oder Gesso in Schwarz*
- *Wasservermalbare Ölkreide in Dunkelblau, Violett und Hellgrün*
- *Neon-Ölkreide in Magenta, Orange, Gelb und Grün*
- *Kalligrafiepinsel, Linierer oder Pinsel mit feiner Spitze und Flachpinsel Synthetik Gr. 16*

Auf schwarz grundierten Leinwänden zu malen hat einen besonderen Reiz, denn schon die erste Farbschicht bringt Tiefe ins Bild. Damit der Untergrund auch saugfähig ist und die Farben gut haften, verwende ich zum Grundieren der Leinwand schwarze Abtönfarbe oder schwarzes Gesso. Schwarze Acrylfarbe würde den Malgrund zu sehr abdichten. Es gibt auch fertig grundierte schwarze Leinwände im Handel zu kaufen.
Gerade auf dunklen Untergründen wirken die Farben noch leuchtender und brillanter. Besonders gut funktioniert dies mit deckenden oder halbdeckenden Farben, oder man mischt Titanweiß hinzu, wenn die Formen und Flächen den schwarzen Untergrund komplett abdecken sollen. Diese Flächen kommen dann optisch stärker vor, denn hier sind die Farben reiner. Bei Lasurfarben oder mit Wasser verdünnten Farben schimmert die schwarze Farbe des Untergrundes durch. Diese Farbflächen wirken etwas vergraut und treten deswegen in den Hintergrund.
So lässt sich auch hier mit der Tiefe spielen, je nachdem wie die deckend die Farbe ist, ähnlich wie beim Gräser-Trio ab Seite 22.

Tipp:

Pastelltöne wirken auf dem schwarzen Malgrund besonders gut. Falls keine fertigen Pastelltöne vorhanden sind, können die Grundtöne mit Weiß oder Elfenbein gemischt werden. Durch die Mischung mit Weiß wirken die Farben kühler als durch die Mischung mit Elfenbein. So entstehen verschiedene Farbqualitäten, die den Farbklang vielfältig und dennoch harmonisch gestalten.

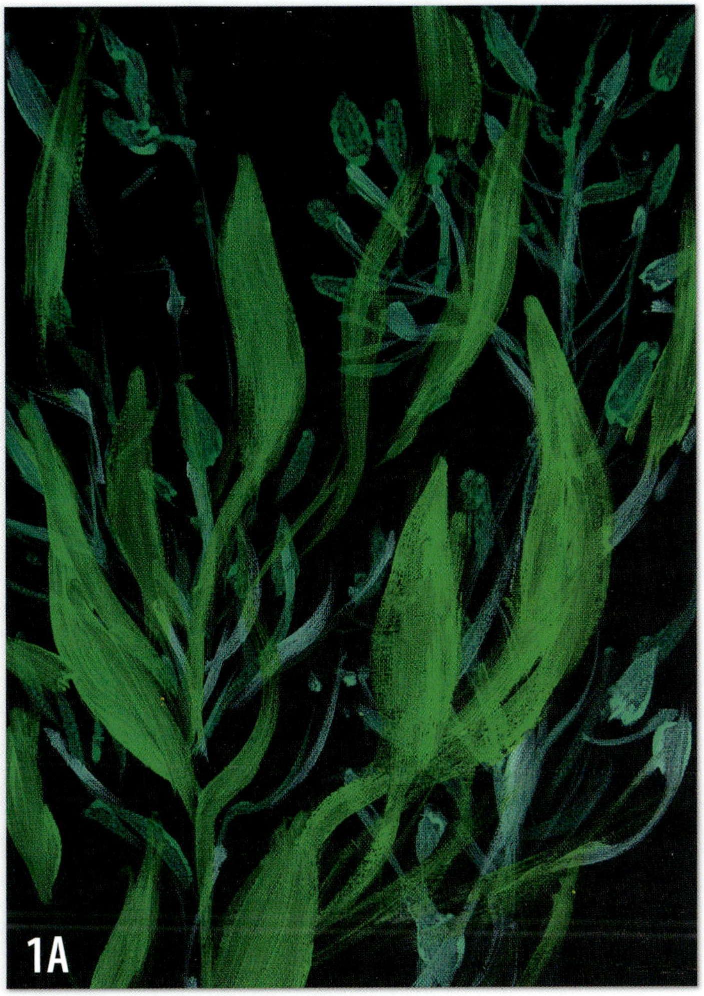

1A

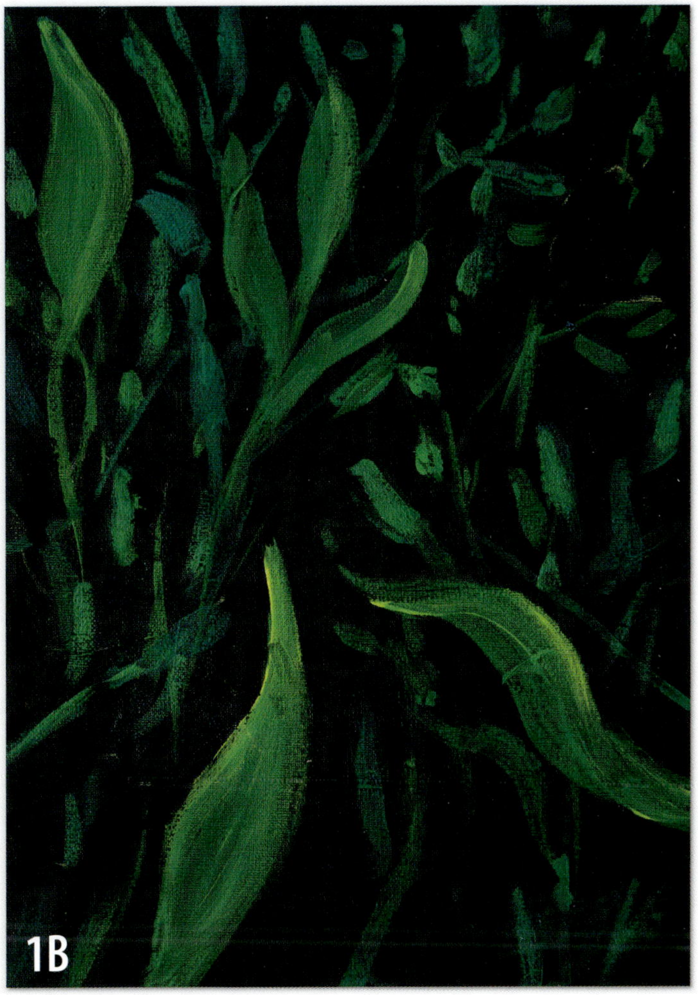

1B

1 Zuerst mit einer verdünnten Farbe beginnen, da diese Schicht im Bild hinten liegen soll. Hierfür mit einem kleinen Kalligrafiepinsel oder Linierer verdünntes Paul-Veronesegrün mit ein wenig Himmelblau hell vermischen und kleine Blätter mit Stängeln malen. Darauf folgen etwas größere Blätter in Brillantgrün und Primärgelb, die über der ersten Schicht liegen. Dies muss nun trocknen.

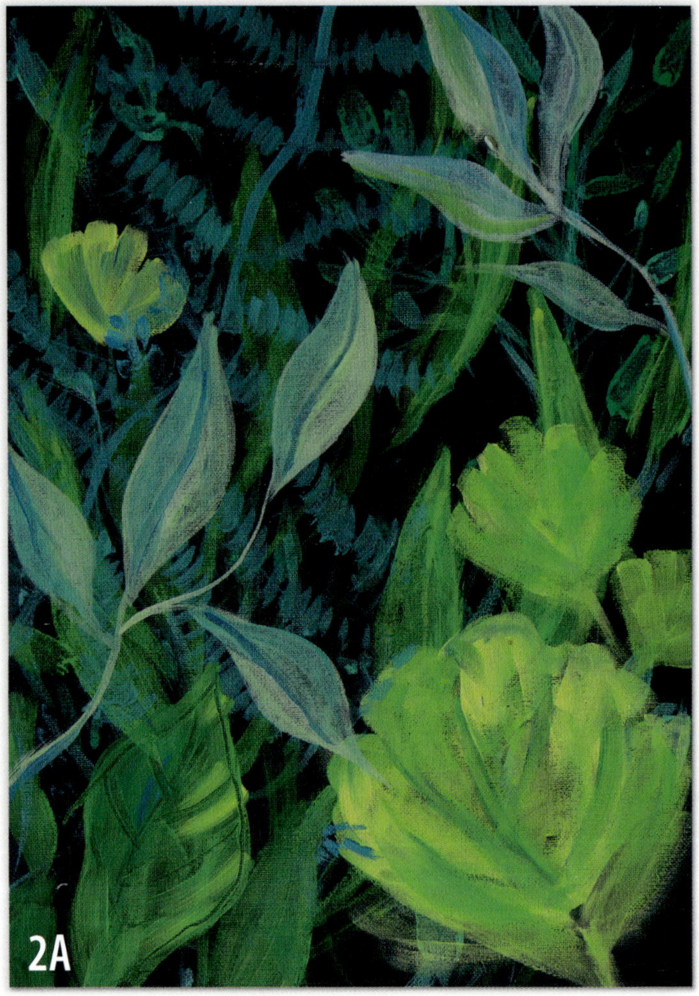

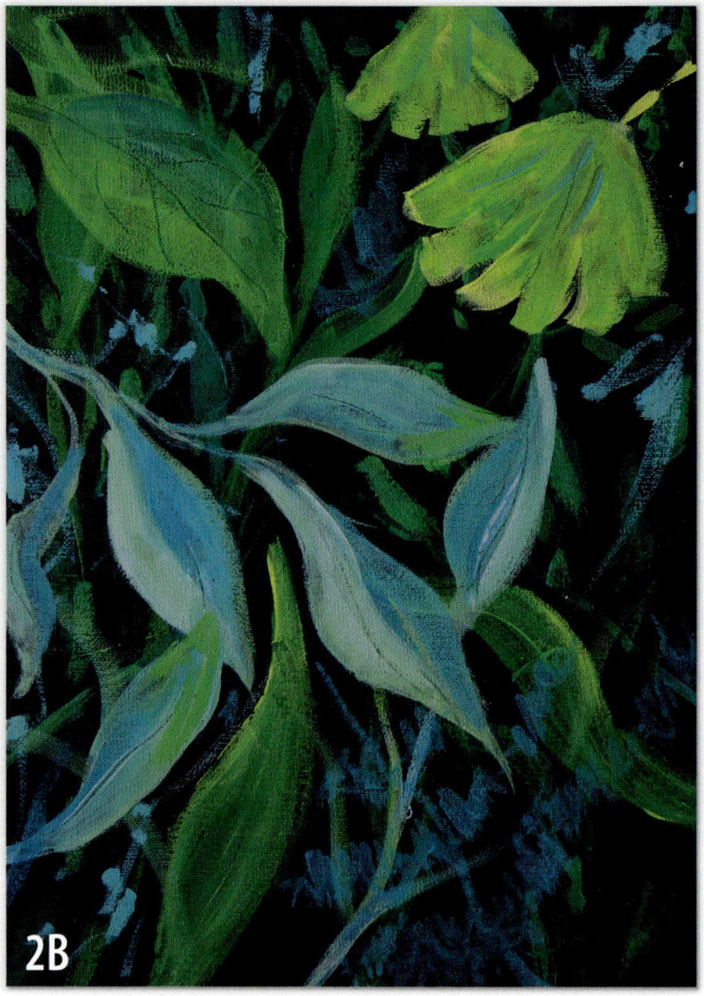

2 Jetzt weitere Blattformen auf die ersten beiden Schichten malen. Die feinen Rispen als nächstes mit Türkisblau und Primärcyan, dann Zweige mit einer Mischung aus Brillantgrün, Hellgrau und Primärcyan. Dabei darf die Farbe auch minimal verflüssigt werden, da es sich damit lockerer malen lässt. Spritzer und Kleckse sind erwünscht.

Mit einem synthetischen Flachpinsel Ginkoblätter mit unverdünnter Farbe in den Tönen Farn und Brillantgrün malen.

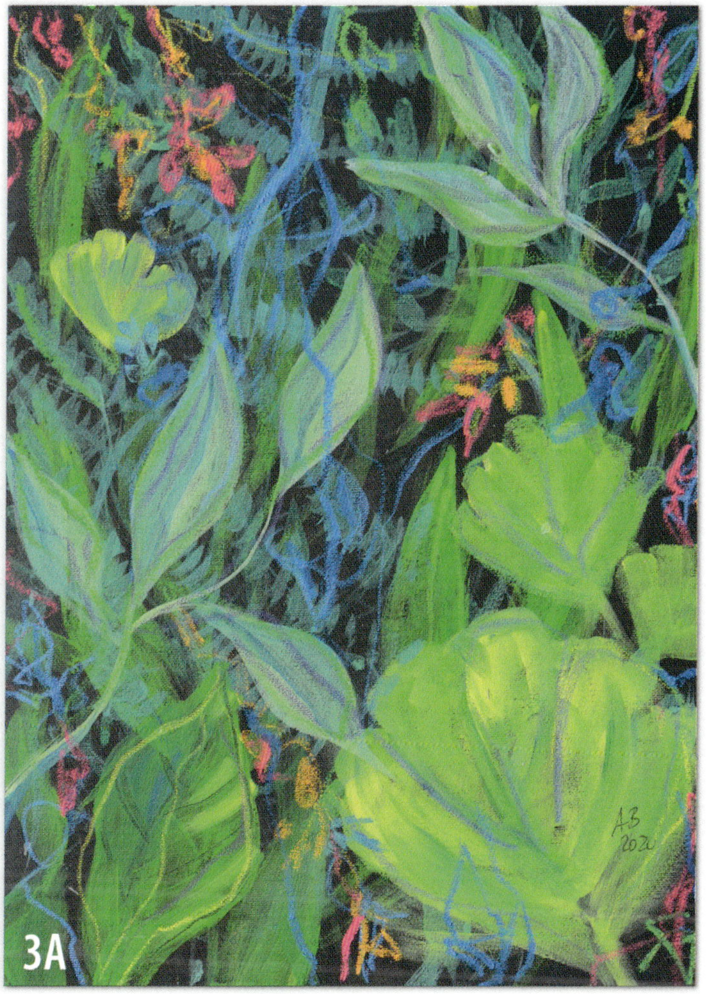

3A

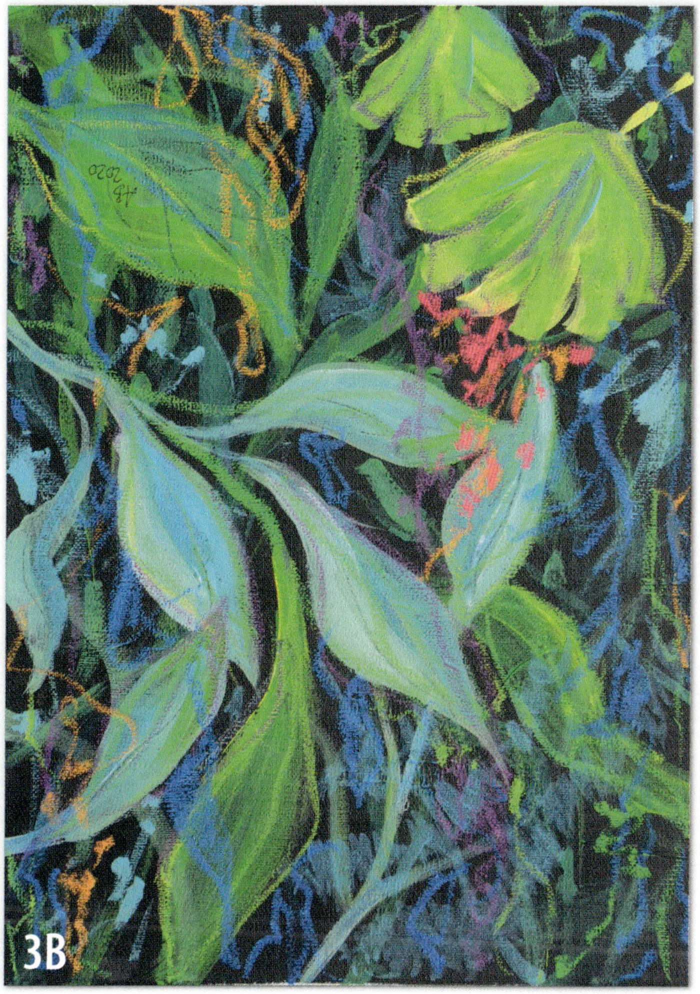

3B

3 Um die doch sehr exakte Darstellung aufzulockern, nun mit Ölkreiden (Dunkelblau, Hellgrün und Neongelb und Grün) Konturen um die Blätter kritzeln, dabei die Form nicht zu genau ummalen, sondern den Linien einen eigenen Schwung geben. Zum Abschluss spontan und locker weitere Blüten und Blätter mit Ölkreide in Magenta, Orange und Violett dazu zeichnen, um die Gestaltung zu vervollständigen. Hierbei darf ruhig mit der Linie gespielt werden.

Exotisches Duo: Tukan

Schwarze Leinwand

Material:

- *Leinwand 30 x 40 cm*
- *Abtönfarbe in Schwarz*
- *Acrylfarben in Türkisblau, Gelbgrün, Neongrün, Olivgrün, Farn, Paul-Veronesegrün, Preußischblau, Elfenbeinschwarz, Elfenbein, Primärgelb und Neonorange*
- *Ölkreide in Neonorange und Neonmagenta*
- *Borstenpinsel 2" und Gr. 20*

Eher nebensächlich scheint die Botanik auf diesem Bild. Zugrunde lag der Plan, ein Dschungel-Motiv auf die schwarze Leinwand zu malen. Da ich gerne farbintensiv arbeite, kam ich auf die Idee, den Tukan dazu zu setzen und farblich in den Vordergrund zu stellen. Die Farbkontraste des Tukans sind so der „Eyecatcher" im Dschungel geworden. Hier wurden schnell und mit viel pastoser Farbe auf dem Pinsel die Töne eher nass in nass miteinander verzogen. Die tropischen Farben leuchten deswegen auf dem schwarzen Grund besonders schön.

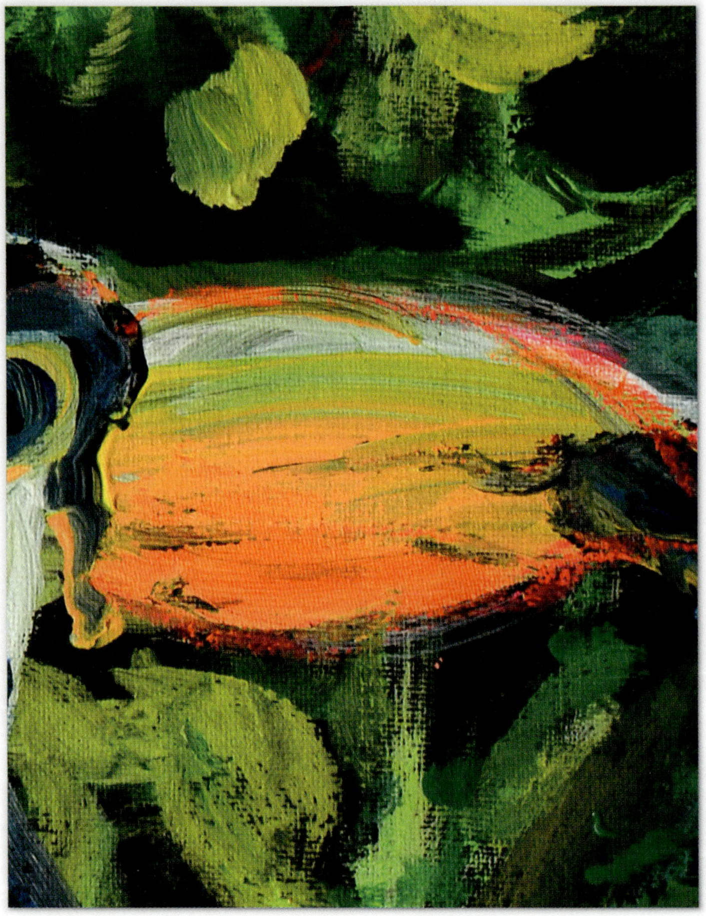

Ausschnitt

Der Schnabel des Tukans ist ebenso wie die Flamingos nass in nass gemalt, hier bringen Neonfarben Strahlkraft, Kontrast und Spannung. Durch den Farbverlauf wirkt der Schnabel besonders dreidimensional.

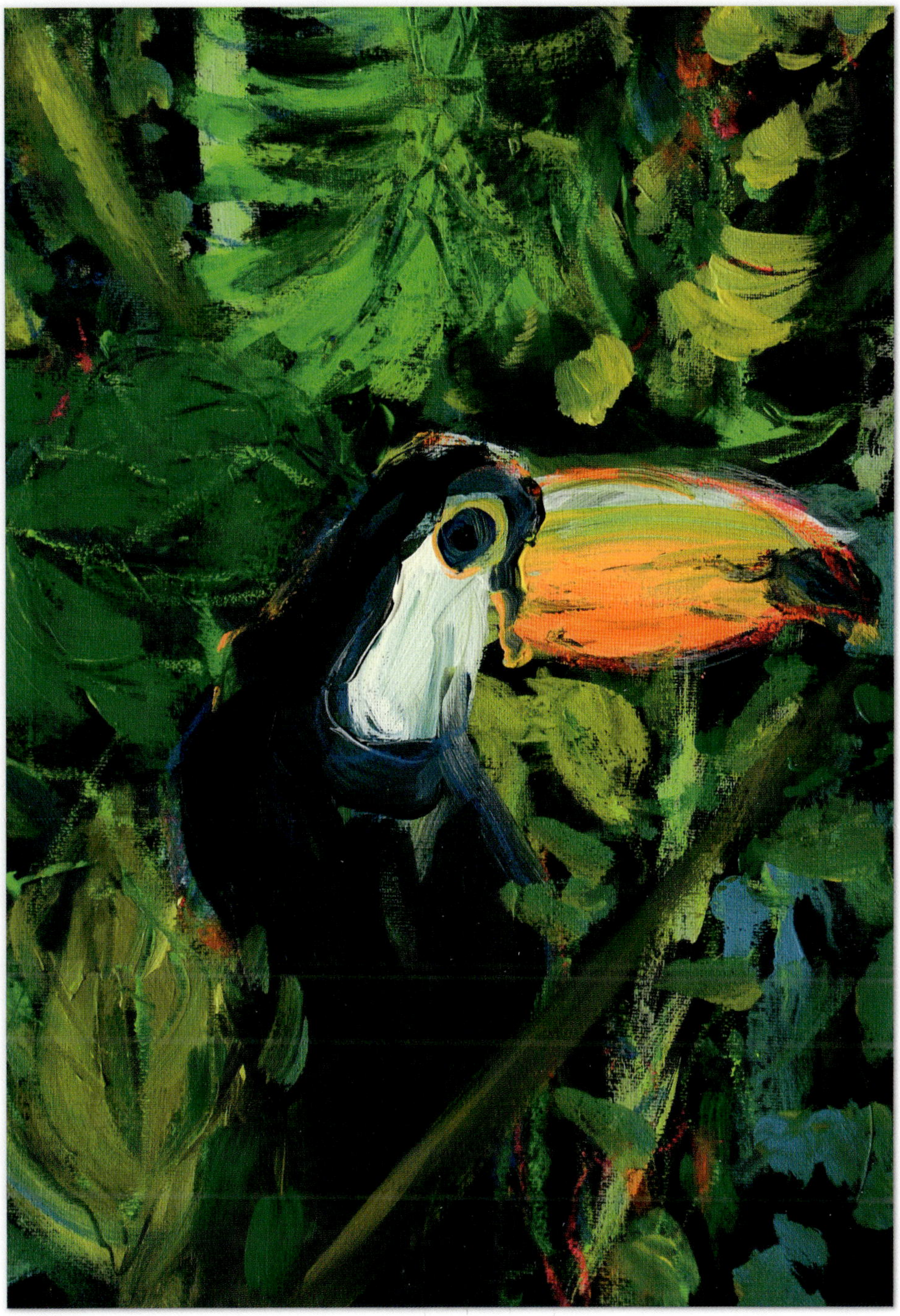

So geht es

Zunächst die Leinwand mit schwarzer Abtönfarbe grundieren und trocknen lassen. Alternativ kann man auch fertig schwarz grundierte Keilrahmen verwenden. Anschließend mit dem schmalen Borstenpinsel verschiedenartiges Blattwerk malen. Dabei sowohl helle, gelbliche Grüntöne als Lichtfarben benutzen und bläuliche Töne als Schattenfarben verwenden. Nun erst trocknen lassen. Der Tukan wird anschließend pastos auf die Blätter gemalt. Um den Schnabel plastischer zu gestalten mit Farbverläufen arbeiten und so Form mit Licht und Schatten modellieren.
Ein paar Akzente mit feinen Ölkreide-Linien in Neonorange und Magenta vervollständigen das Bild.

Tipp:
Das feine Linienspiel gibt der eher groben und flächigen Darstellung Licht und Leichtigkeit. Dabei ruhig einmal mit „unrealistischen" Farbekombination experimentieren!

Exotisches Duo: Flamingos

Schwarze Leinwand

Material:

- *Leinwand 30 x 40 cm*
- *Abtönfarbe in Schwarz*
- *Acrylfarben in Türkisblau, Gelbgrün, Neongrün, Olivgrün, Farn, Paul-Veronesegrün, Elfenbein-schwarz, Elfenbein, Neono-range, Persischrosa, Hellrosa, Titanweiß und Neonmagenta*
- *Ölkreide in Neonorange, Neonmagenta und Neongrün*
- *Borstenpinsel 2" und Gr. 20*

Durch die Idee des Tukans inspiriert, wollte ich die Farbigkeit im zweiten Bild des Duos weiter steigern. Während der Tukan mit seinem dunklen Gefieder eher im Hintergrund des Bildes sitzt und der Schnabel farblich am dominantesten ist, sind bei den Flamingos die Tiere insgesamt sehr präsent. Die Farben liegen bei diesem Bild auf einer Intensitätsstufe mit dem Blattwerk des Dschungels. Auch die Grüntöne unterscheiden sich wenig, alle Farben haben eine ähnliche Qualität. Deswegen ist die Tiefenwirkung der Flamingos nicht ganz so groß wie beim Tukan, sie wirken etwas plakativer. Dennoch bringt der angewandte Komplementärkontrast aber Spannung ins Bild.

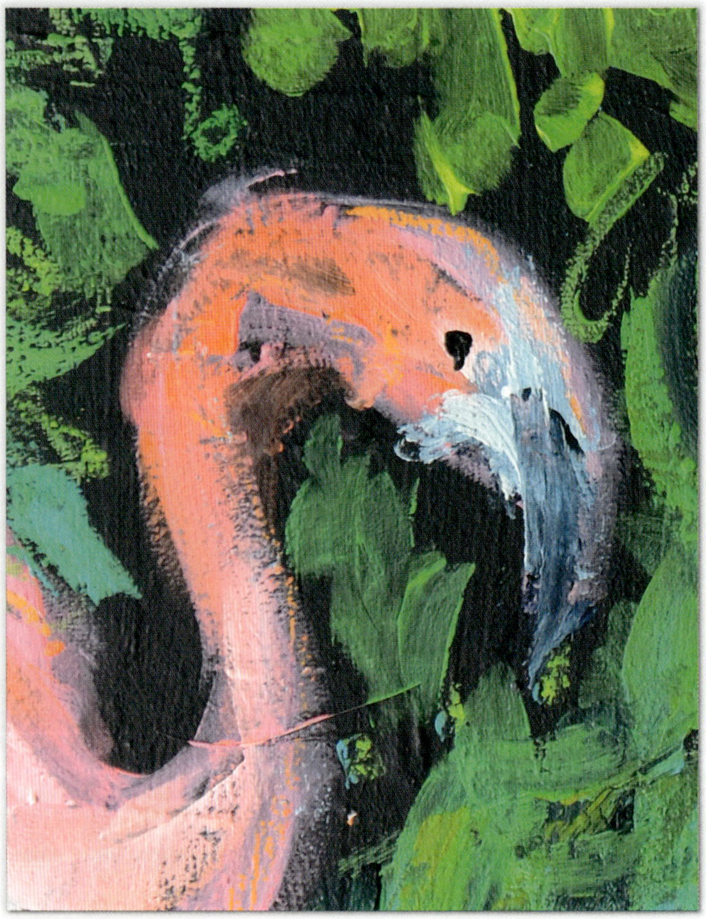

Ausschnitt

Der Pinselstrich folgt der Form der Körper. So werden die Flamingos plastisch modelliert. Durch das Aufmalen hellerer Farbtöne werden Lichtreflexe angedeutet Die schwarze Leinwand bringt sofort den Schattenton hinein und gibt dem Tiefe.

So geht es

Wieder die Leinwand mit schwarzer Wandfarbe grundieren und gut trocknen lassen. Das Motiv nun aber in umgekehrter Reihenfolge arbeiten. Zuerst also die Flamingos malen und anschließend das Grün darum herum.

Wie beim Tukan die Rosa-Orange-Töne pastos miteinander verziehen und diese Mischung stellenweise mit Titanweiß aufhellen. Dabei folgt auch hier der Pinselstrich der Körperform. Der grobe Pinselduktus macht die Darstellung expressiv. Heller gemischte Töne an die Lichtstellen setzen. Dort, wo der Pinselstrich durchlässig ist, also wenig Farbe aufgetragen wird, ergeben sich dunklere Mischtöne, die als Schattenfarbe dienen.

Anschließend die Blätter um die Flamingos malen. Auch hier wieder die Farben auf der Leinwand nass in nass miteinander verziehen. Die Grüntöne haben etwas weniger Blauanteil als beim Tukan.

Nach dem Trocknen einige wenige Konturen mit Ölkreide in Neontönen zeichnen. Sie steigern die Farbgebung und bringen zusätzliche feine Kontraste zum Abschluss.

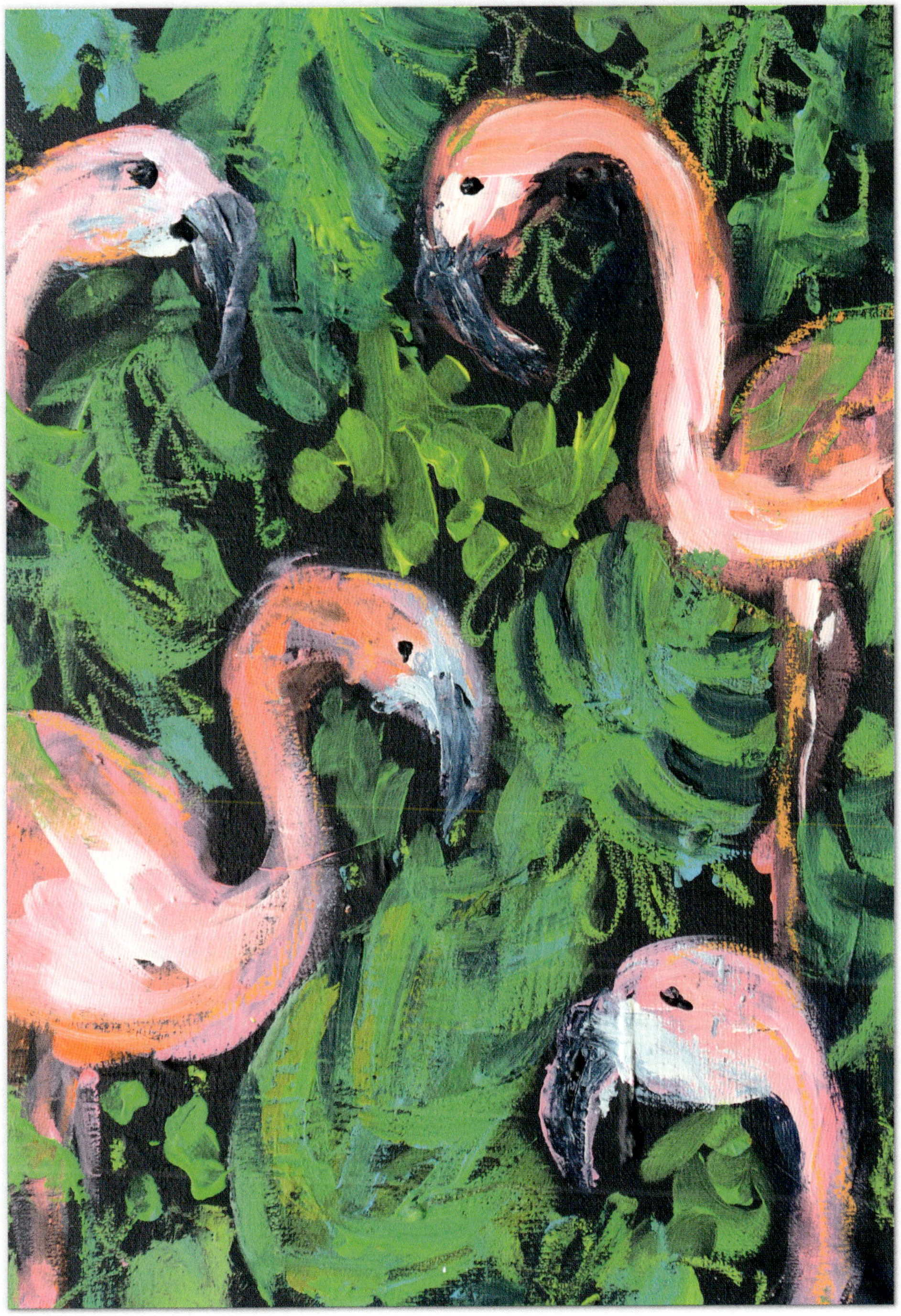

Blätter in Serie

Struktur, Linie und Druck

Material:

- *Papier, mindestens 160 g/m² oder stärker, ca. 21 x 29,5 cm*
- *Acrylfarben in Olivgrün hell, Gelbgrün, Hellgrau, Blautürkis, Gelber Ocker, Kieselgrau und Preußischblau*
- *Ölkreide in Neongelb, Neonblau, Neongrün und Violett*
- *Woodys in Blau, Dunkelgrün*
- *Colour Shaper*
- *Borstenpinsel*
- *Styrene-Platte zum Drucken, alternativ eine flache, geschäumte Lebensmittelverpackung*
- *Linolwalze, Schaumstoffwalze*

1A

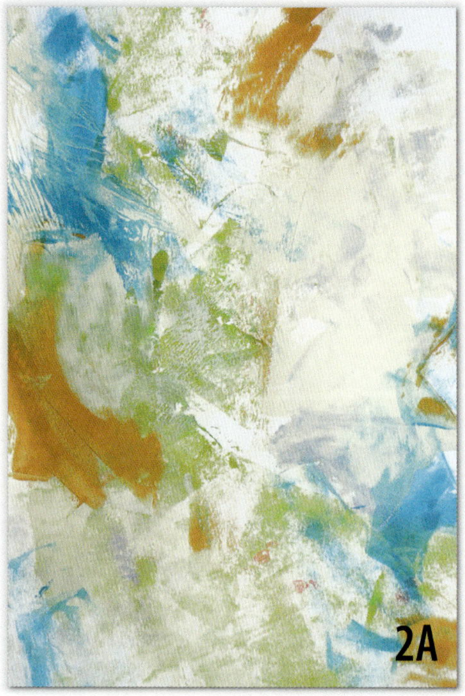
2A

Die serielle Arbeitsweise auf Papier bietet die Möglichkeit, locker und leicht verschiedene Gestaltungen zu erkunden. Durch das flache Papier ist es einfach, über den Rand hinweg zu arbeiten, denn es gibt keine störende Kante. Ein weiterer Vorteil: Die Formate könnten anschließend bei Bedarf beschnitten werden, um die Komposition zu verändern. Zudem ist es „nur" Papier. Ohne die Angst, eine große und teure Leinwand zu bemalen, die dann auch noch perfekt aussehen muss, lässt es sich freier experimentieren.

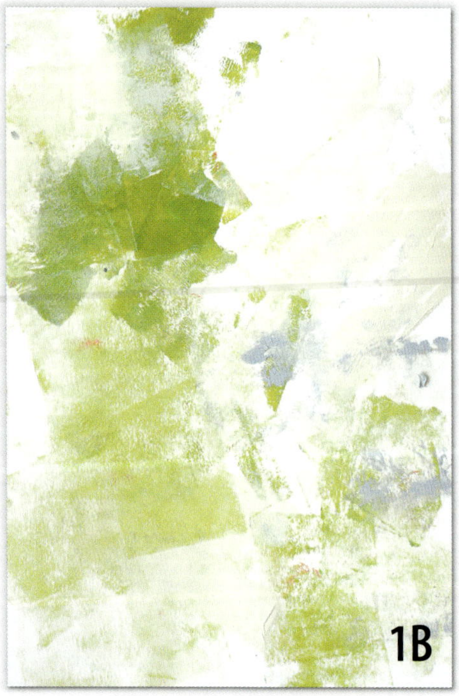
1B

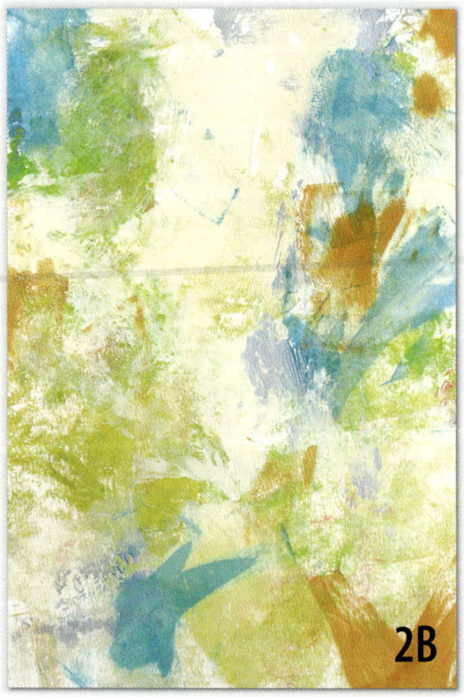
2B

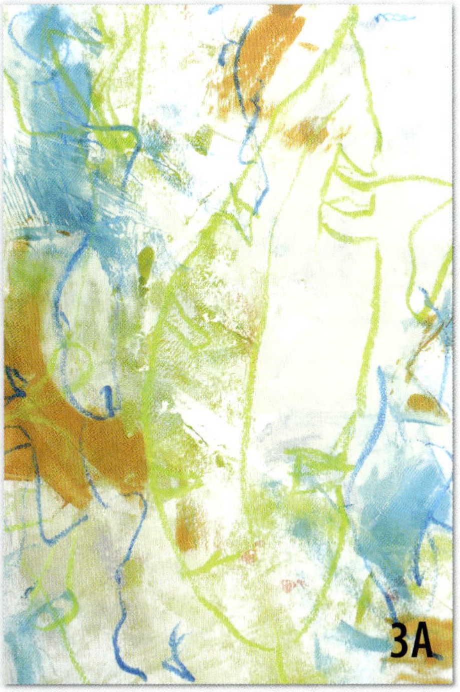

3A

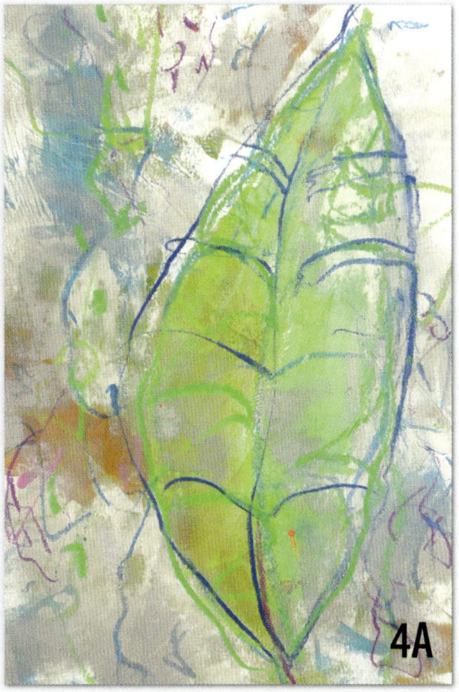

4A

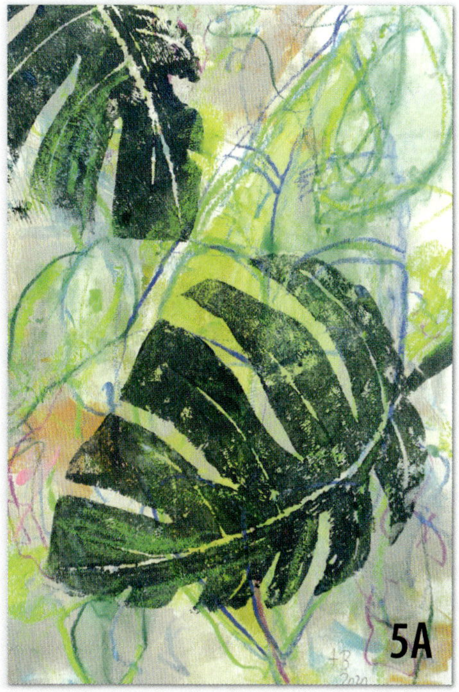

5A

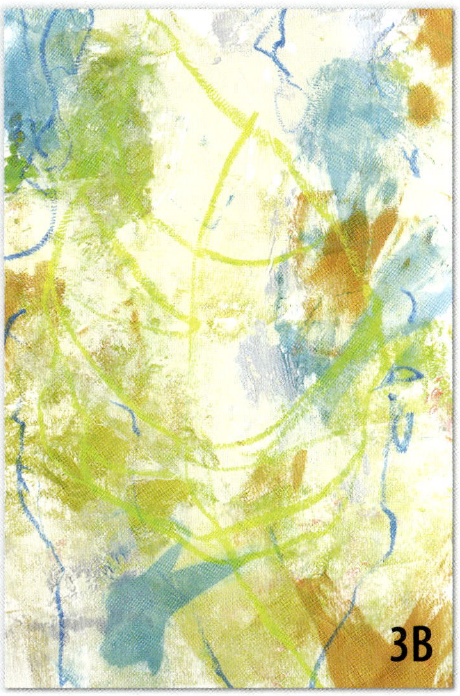

3B

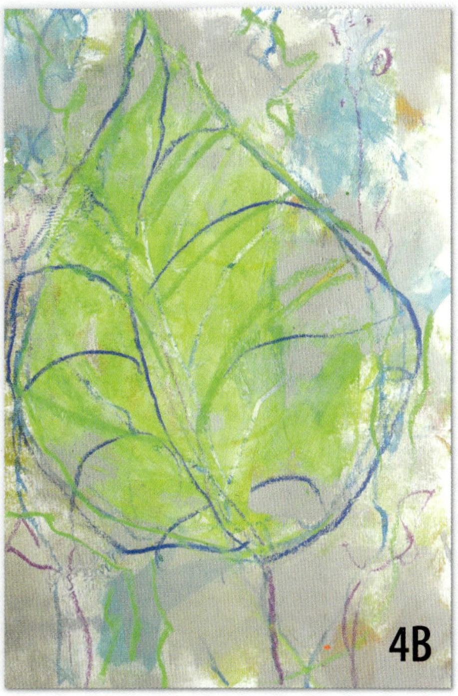

4B

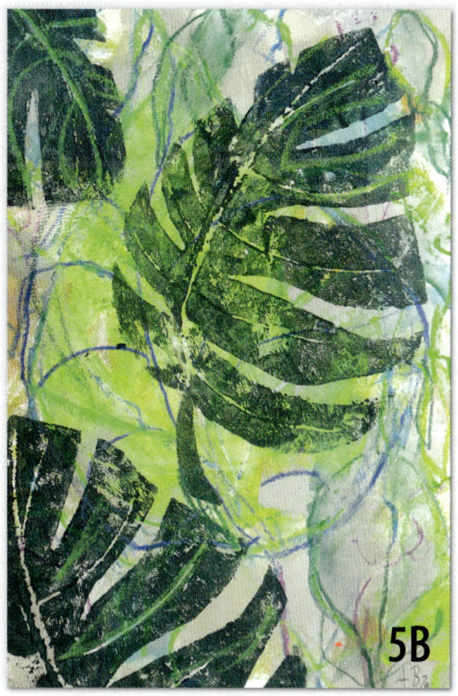

5B

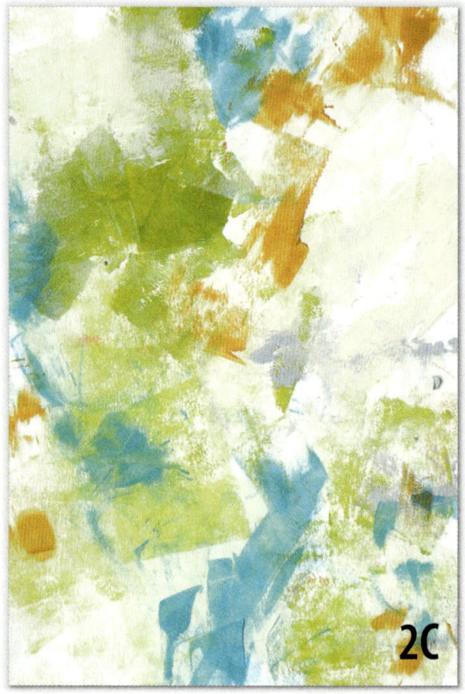

1 Mit der Linolwalze und Acrylfarbe in Olivgrün hell, Gelbgrün, Elfenbein und Hellgrau diffuse Farbflächen auf die Formate rollen. Dabei auf unterschiedliche Anordnungen und Verteilungen im Formt achten. Trocknen lassen. Hier habe ich bewusst Farben mit wenig Hell-Dunkel-Kontrast gewählt, damit die Strukturen nicht so dominant werden.

2 In der nächsten Schicht die Formen etwas stärker stehen lassen und nicht ganz so weich verziehen. Mit dem schmalen Colour Shaper und dicker Farbe in Blautürkis und Gelber Ocker kommen die Formen deswegen stärker zur Geltung als bei der ersten Schicht. In die noch feuchten, dicken Farbschichten eventuell Linien hinein kratzen.

Tipp:

Auch bei diesem Motiv sind viele verschiedene Themen denkbar, von abstrakt bis gegenständlich ist alles möglich. Schön ist, dass in den ersten Schichten sehr spielerisch mit den Strukturen experimentiert werden kann. Wird die Farbe des Drucks sehr kontrastreich gewählt (wie in dieser Schrittfolge) erhält das Motiv eine große Spannung und Klarheit. Fällt die Farbe des Drucks weniger kontrastreich aus, wirkt das Bild ungeordneter. Weiter beruhigen kann man die Strukturen, indem man eine leichte Lasurschicht z. B. in Elfenbein über das ganze Bild zieht.

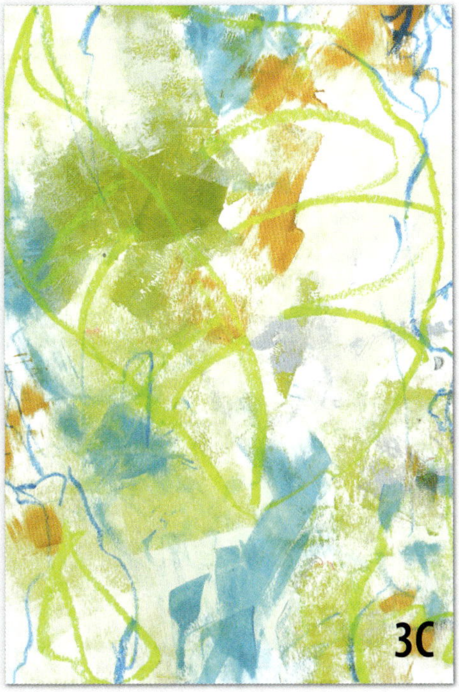

3 Nun mit Ölkreide arbeiten: Blattformen oder spielerische Linien in Neongelb und Neonblau dazu setzen. Die Strukturen der ersten Schicht sind immer noch dominanter als die Blattformen, denn diese sind nur angedeutet. Die neongelben Linien bringen dennoch schon etwas Licht ins Bild.

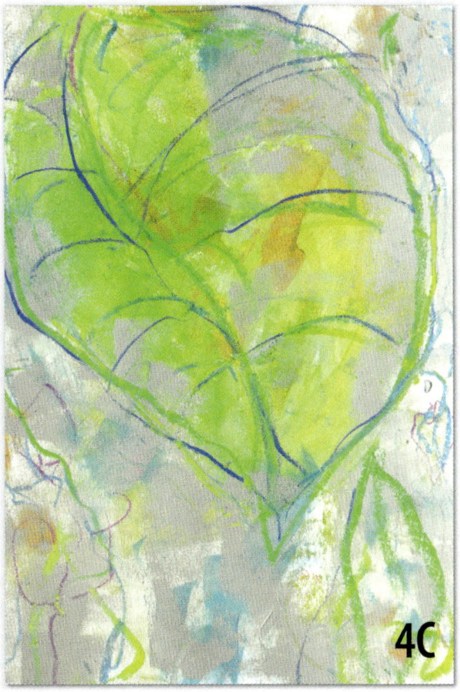

4 Stellenweise eine verdünnte Schicht Neongelb und Olivgrün auf die gezeichneten Blattformen geben. Anschließend mit der Schaumstoffwalze und Acrylfarbe in Kieselgrau die Flächen außen herum beruhigen. Nun mit Ölkreide in Neongrün und Violett die Blattformen noch einmal locker ummalen. Durch Beruhigen des Untergrundes und Verstärken der Blattform mit den farbintensiveren Linien fallen diese mehr ins Gewicht.

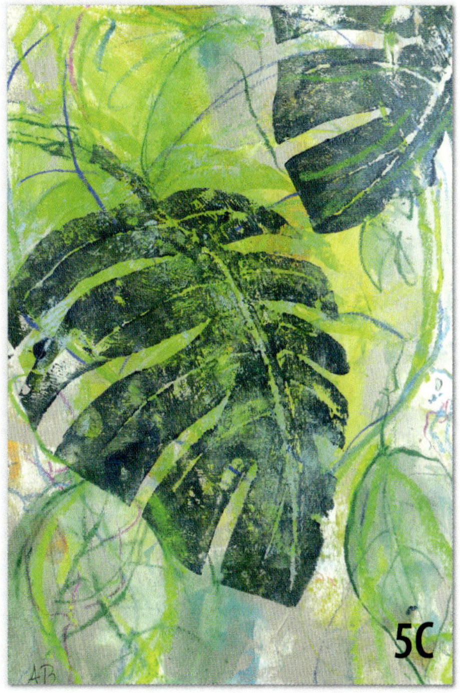

5 Damit die Gestaltung spannender und klarer wird, eine Druckform aus einer Styrene-Platte herstellen. Dazu die Form mit einem Stift auf der Platte vorzeichnen und mit dem Cutter ausschneiden. Blattrippen oder Ähnliches können gut mit einem Stift hinein geritzt werden. Mit der Linolwalze nun die Druckformen einwalzen, dazu Preußischblau und einen Grünton vermischen, um ein dunkles Grün zu erhalten. Auf das Bild drucken, dabei die Formen auch mal drehen und angeschnitten in das Format setzen. Nun noch ein paar Konturen mit einem dunkelgrünen Woody zeichnen und diese ein wenig verwaschen, sowie Lichter in gelber und grüner Ölkreide setzen.

Monstera in Serie

Mischtechnik mit Stiften

Material:

- *Papier, mindestens 160 g/m² oder stärker, ca. 21 x 29,7 cm*
- *Acrylfarben in Elfenbein, Hellgrau, Türkisblau, Olivgrün, Brillantgrün, Gelbgrün, Paul-Veronesegrün, Preußischblau und Farn*
- *Woody in Schwarz*
- *Ölpastell-Kreide in Neonmagenta und Neongrün*
- *Colour Shaper flach, spitz*
- *Borstenpinsel 3" und Kalligrafie- oder Aquarellpinsel*
- *Linolwalze, Schaumstoffwalze*

Die Leichtigkeit der grafischen Darstellung in Kombination mit Strukturflächen ist in dieser Serie das tragende Gestaltungselement. Der Beginn ist ähnlich der Serie „Blätter in Serie" ab Seite 48, hier wurde dann aber linear weitergearbeitet. Somit behält das Motiv die luftige und spielerische Anmutung bei.

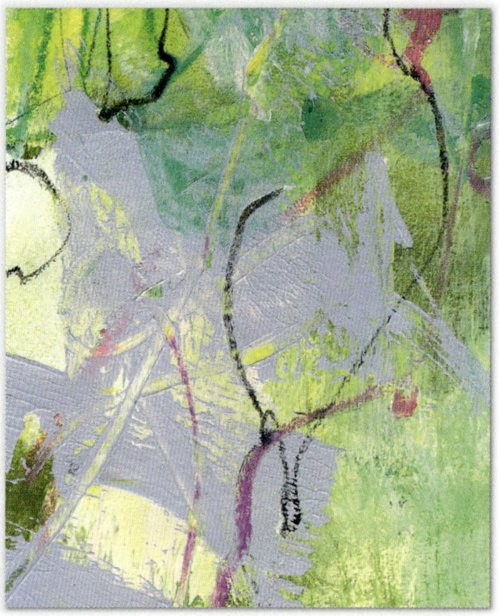

Ausschnitt 1

Die Überlagerung verschiedener Farbflächen, Linien und Kratzspuren bringen Tiefe und auch Lebendigkeit in die Gestaltung der Serie. Diese Anmutung wird durch die Art der Linien unterstützt, denn sie sind hier weniger exakt, sondern frei und spielerisch gearbeitet.

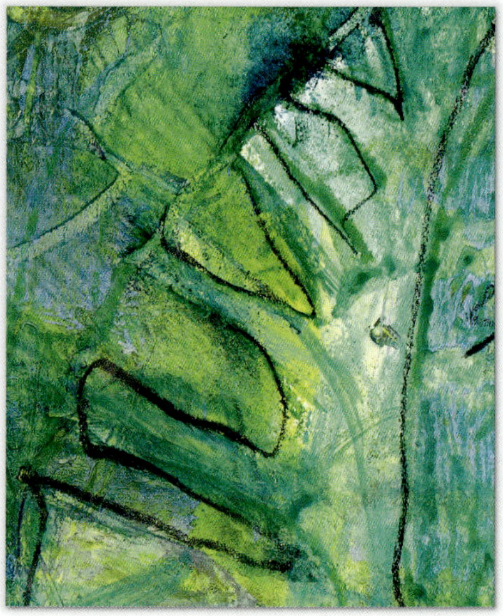

Ausschnitt 2

Die unterschiedlichen Grüntöne modellieren die Blätter und auch die Hintergründe auf wirkungsvolle Weise. Die bläulichen Grüntöne werden dem Schatten zugeordnet und gehen somit in die Tiefe, die gelblichen Grüntöne werden dem Licht zugeordnet und kommen nach vorne.

So geht es

Zunächst verschiedene Strukturschichten mit unterschiedlichen Werkzeugen aufbringen.

Dazu mit der Linolwalze und Acrylfarbe in Farn die erste Schicht aufwalzen. Direkt nass in nass Elfenbein mit der Schaumstoffwalze aufrollen, dabei zum Teil über die erste Schicht gehen, damit sich die Farben mischen und weich verziehen. Die dritte Schicht mit dem Colour Shaper arbeiten.

Wieder nass in nass in Olivgrün Formen hineinziehen. Mit dem breiten Borstenpinsel in 3" und Titanweiß weiche Übergänge einarbeiten. Die Papierfläche ist nun ganz mit diffusen Farbstrukturen und Farbübergängen bedeckt, die dicken Farbschichten sind zum Teil noch feucht. Jetzt mit dem Pinselstiel oder dem spitzen Colour Shaper Linien hinein kratzen.
Danach kommen erste Blattformen hinzu: Mit dem schwarzen Woody die Konturen der Monstera-Blätter zeichnen. Es können ein Blatt oder mehrere sein, auch die Anordnung sollte variieren. Auf den Hintergrund spielerische Kritzelspuren mi Ölkreide in Neonmagenta setzen und mit Neongrün die Monstera-Blätter unregelmäßig konturieren – das bringt Licht in die Darstellung.

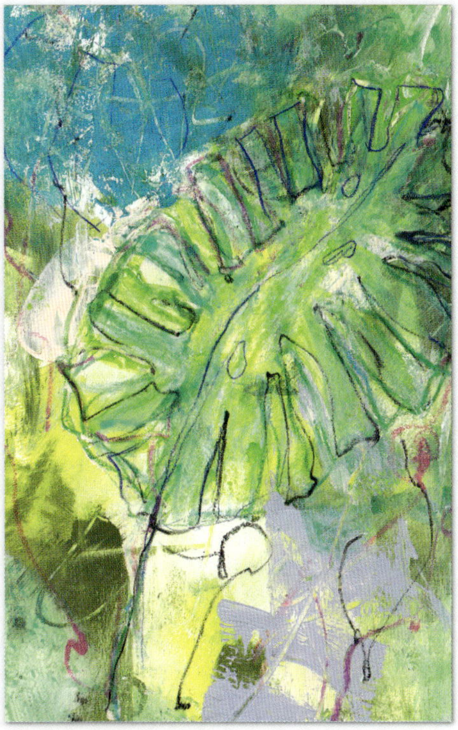

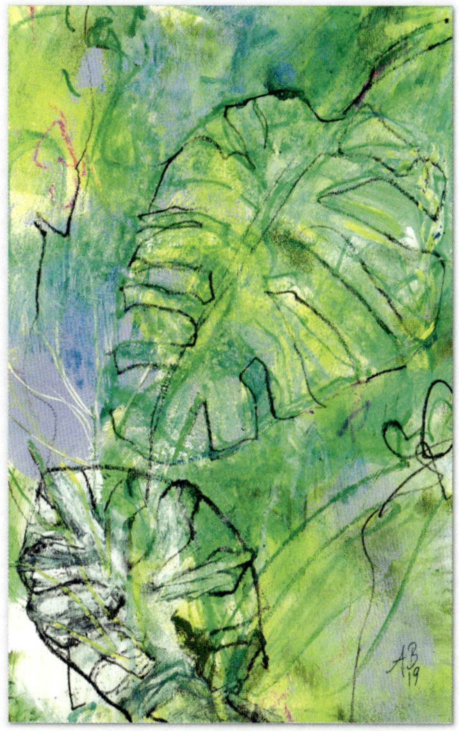

Nun mit der Linolwalze an ein paar Stellen im Hintergrund etwas dichtere hellgraue und türkisblaue Flächen aufwalzen und wieder mit Kratzspuren einbinden.
Jetzt werden die Blätter stärker ausgearbeitet. Dafür verdünnte gelbgrüne Acrylfarbe mit einem spitzen Haarpinsel ungleichmäßig auf die Blätter auftragen.
Die unteren Schichten sollten stellenweise hindurch schimmern. Wenn gewünscht, können die Hintergrundflächen jetzt noch schattiert und somit beruhigt werden. Dazu verdünnte dunkelgrüne oder preußischblaue Farbschichten außen um die Blätter herum malen.
Anschließend die Blätter mit dem schwarzen Woody wieder mehr herausarbeiten, sowie einige lockere Linien in Schwarz und Neongrün auf den Hintergrund zeichnen.

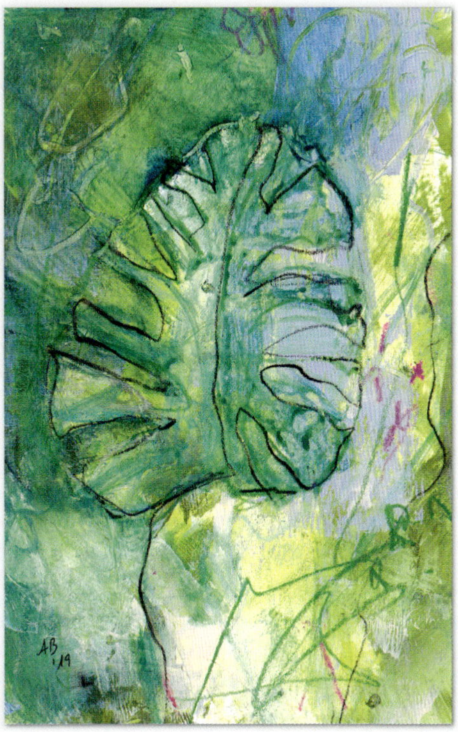

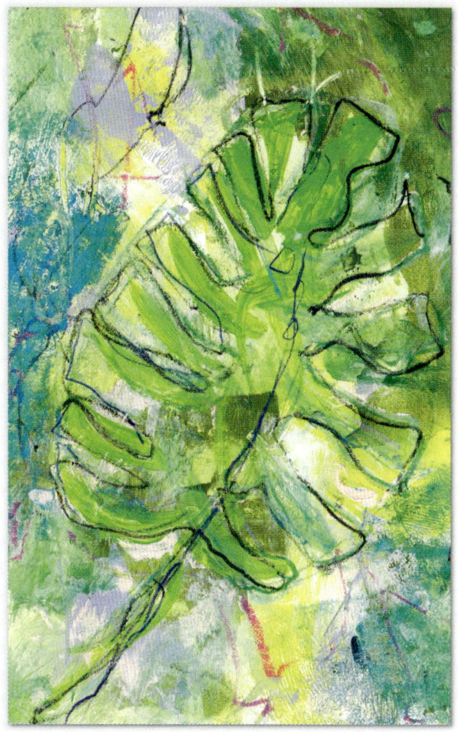

Amaryllis in Serie

Mischtechnik mit Stiften

Material:

- *Aquarellpapier, 300 g/m², ca. 20 x 30 cm,*
- *Acrylfarben in Elfenbein, Kieselgrau, Dunkelgrau, Kadmiumrot und Himmelblau hell*
- *Tusche in Alt Goldgrün*
- *Acrylemulsion und weißes Pigment*
- *Grafitstift wasservermalbar, Stärke 9b*
- *Woodys in Orange und Hellgrün*
- *Aquarellpinsel und Kalligrafiepinsel*
- *Linolwalze*

Materialmix-Techniken sind eine „Spielwiese", auf der man sich austoben kann. Die Farben, Materialien und Werkzeuge liegen bereit und man entscheidet intuitiv und Schritt für Schritt, zu welcher Farbe, zu welchem Werkzeug man als nächstes greift. Manchmal ist es durchaus überraschend, was sich zeigt und wie die fertigen Arbeiten aussehen!
Oft ist es hilfreich, gar keine Vorstellung davon zu haben, wie das Endergebnis aussehen soll. Umso befreiter lässt es sich experimentieren. Hier habe ich im Grunde erst ganz zum Schluss durch die dunklen Konturen entschieden, herangezoomte Nahaufnahmen entstehen zu lassen, die mich an meine roten Amaryllisblüten in der Weihnachtszeit erinnern.

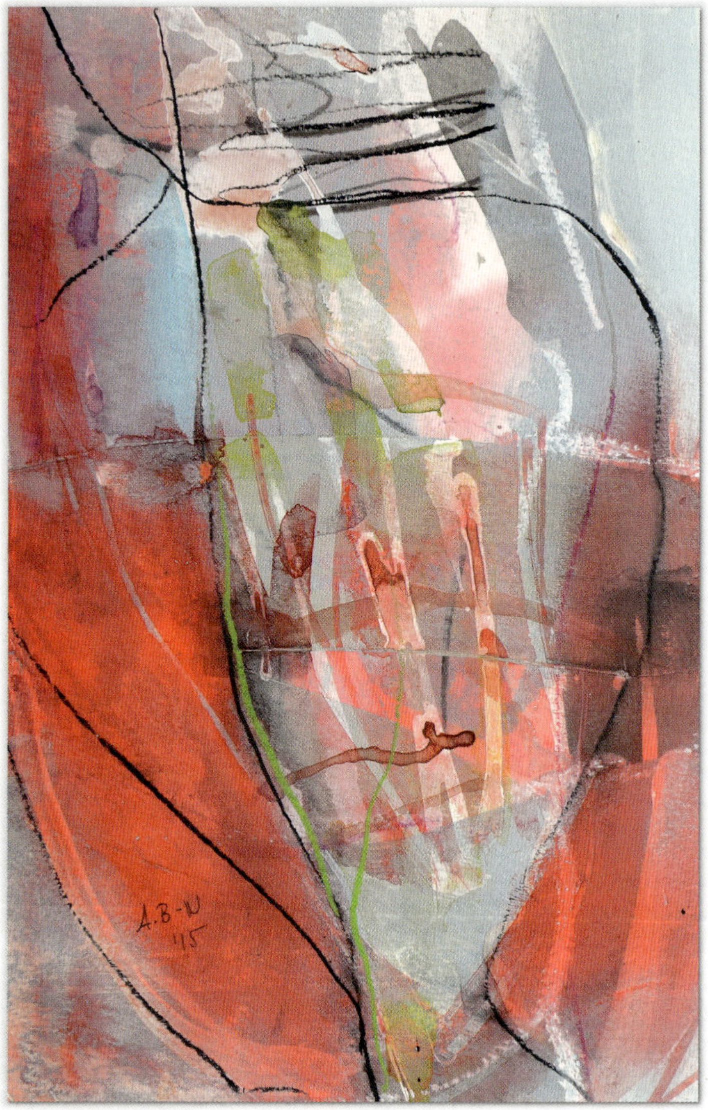

So geht es

Zuerst flüssig mit verdünnter Farbe beginnen. Elfenbein, Sand und Dunkelgrau bilden die Basis. Die Flächen mit einem dicken Aquarellpinsel malen. Nach dem Trocknen mit der Linolwalze mit Hellgrau

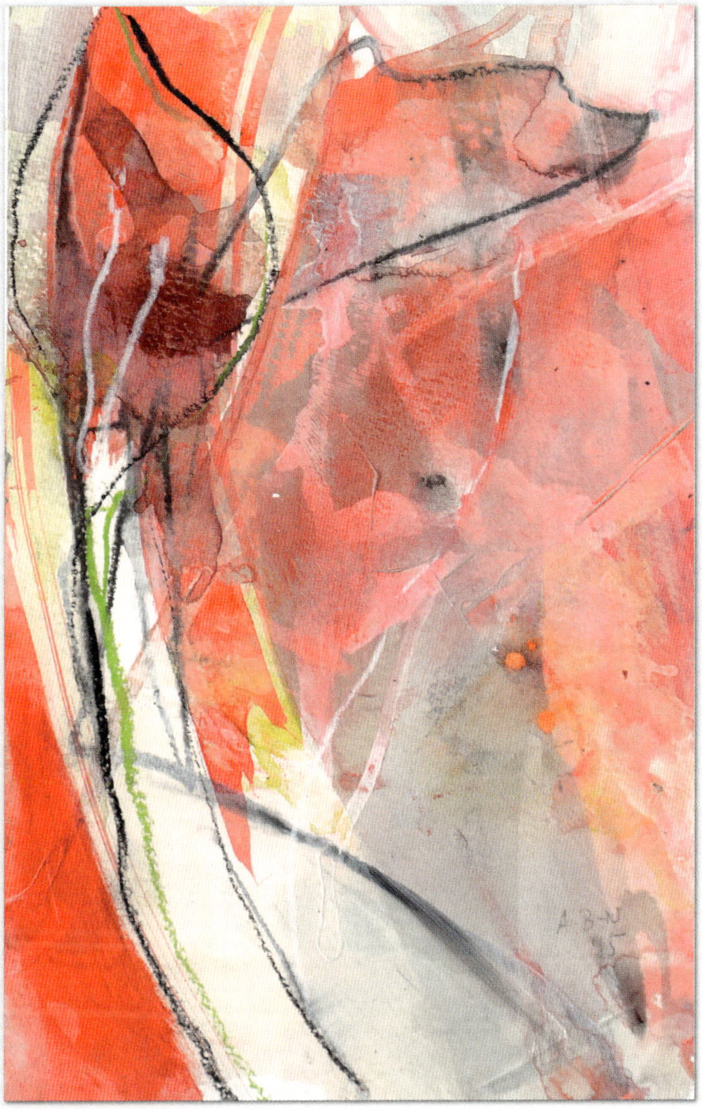

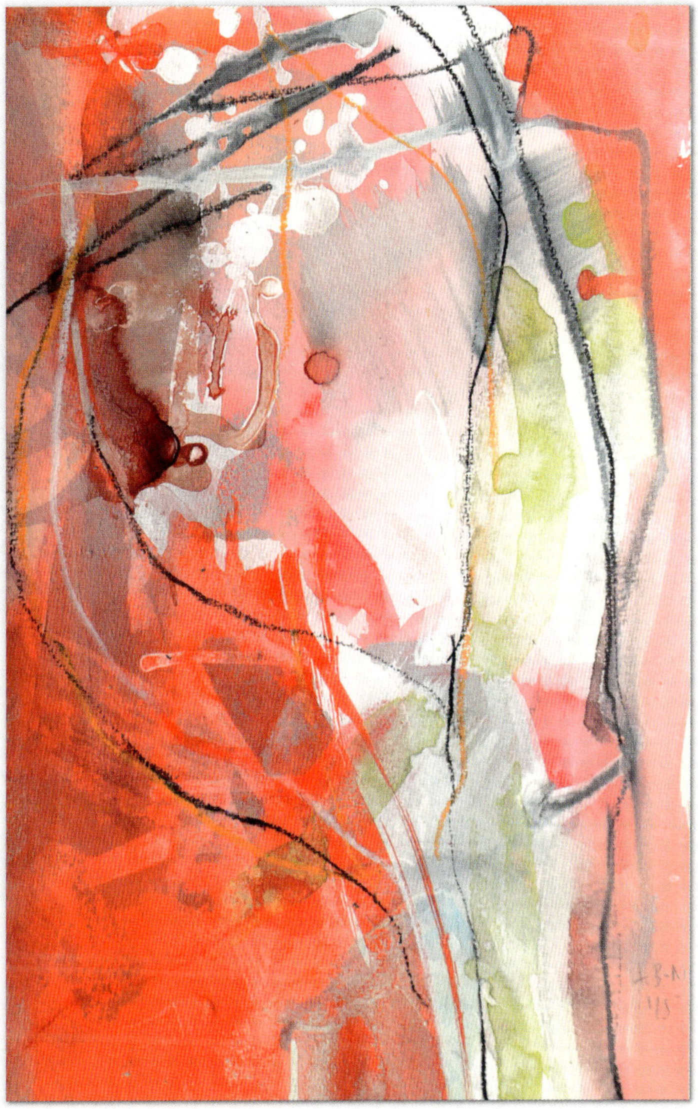

etwas pastosere, aber dennoch durchbrochene Flächen darüber rollen. Noch weiße Stellen des Untergrundes werden mit einem feuchten Pinsel ohne Farbe verzogen. Als nächstes Acrylemulsion, weißes Pigment und Wasser zu einer sehr flüssigen Farbe verrühren. Mit einem Kalligrafiepinsel damit lineare Pinselspuren an unterschiedlichen Positionen des Papierformates malen. Die Acrylemulsion bleibt nach dem Trocknen hochglänzend und erhaben. Die Laufspuren der selbstangerührten weißen Farbe werden mit weiteren Lasurschichten in Rot eingearbeitet.

Diese Stellen saugen die Farbe weniger auf, die Lasurschichten perlen ab und bilden Strukturen.

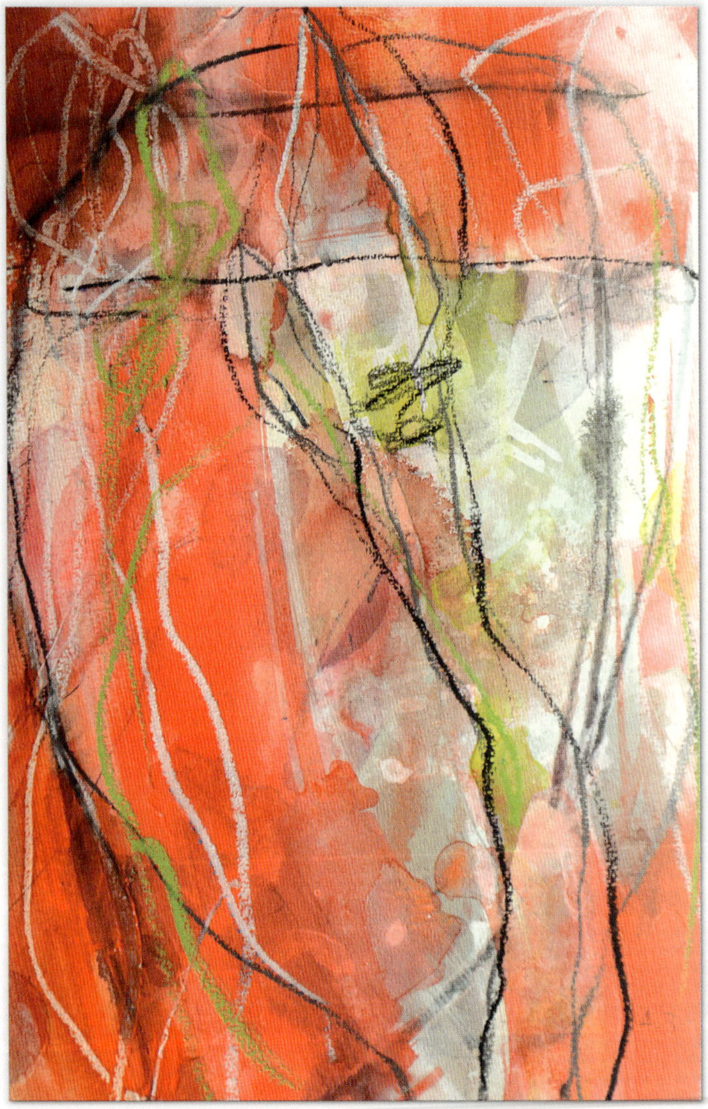

Tipp:

Grafitstifte gibt es in verschiedenen Stärken. Bei der hier verwendeten Stärke 9B ist der Stift sehr weich und gibt viel Grafit ab. Die Linie wird dunkel und bei mehr Druck auf den Stift breit. Aufpassen auch beim Anlösen mit Wasser. Schnell werden hier die Flächen zu dunkel. Wer noch ungeübt im Umgang mit wasservermalbaren Grafitstiften ist, nimmt besser einen etwas härteren (z. B. 6B), denn dieser gibt nicht so viel dunkles Pigment ab.

Diese Flächen können später gut herausgearbeitet werden, denn die nächsten Schichten bleiben alle transparent.

Nun weitere Farbtöne auf das Papier laufen lassen: Tusche in Alt Goldgrün, verdünnte Acrylfarbe in Himmelblau hell und Karminrot. Die roten Anteile überwiegen. Jetzt geht es zeichnerisch weiter. Mit einem dicken wasservermalbaren Grafitstift in die teils trockene und teils feuchte Fläche starke Linien ziehen. Auf den feuchten Stellen wird der Grafitstift sehr dunkel und dick, an den trockenen Stellen bleiben die Linien feiner. Mit einem nassen Flachpinsel ohne Farbe können die Linien sogar flächig verzogen werden und bilden dadurch dunkle Akzente.

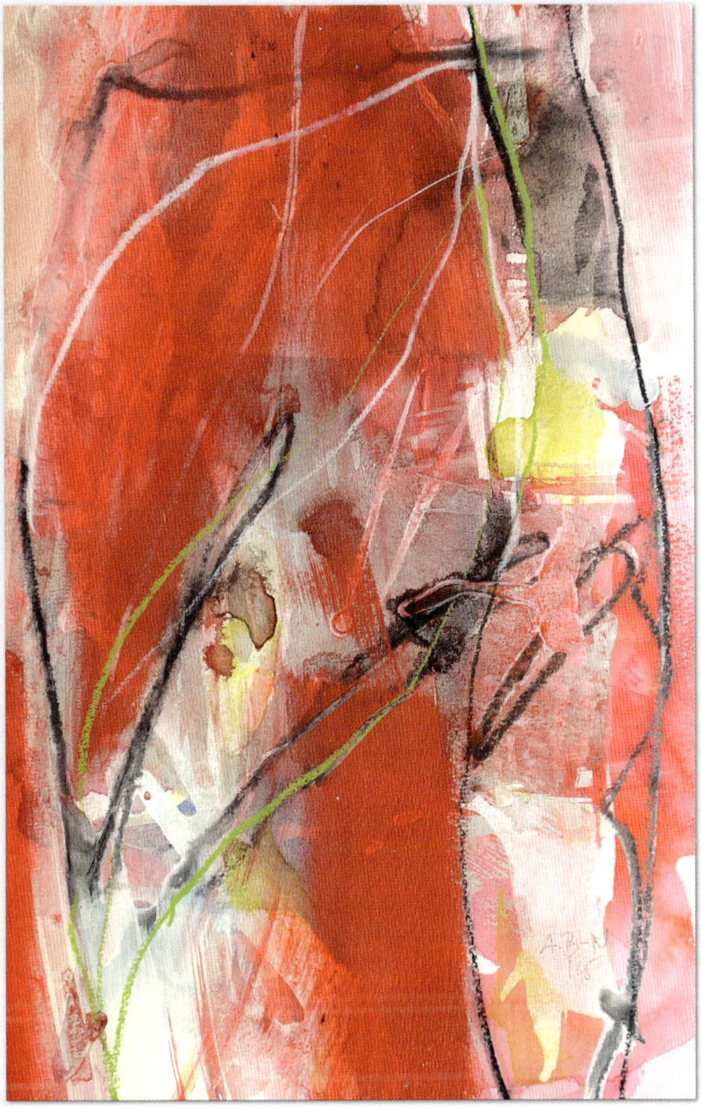

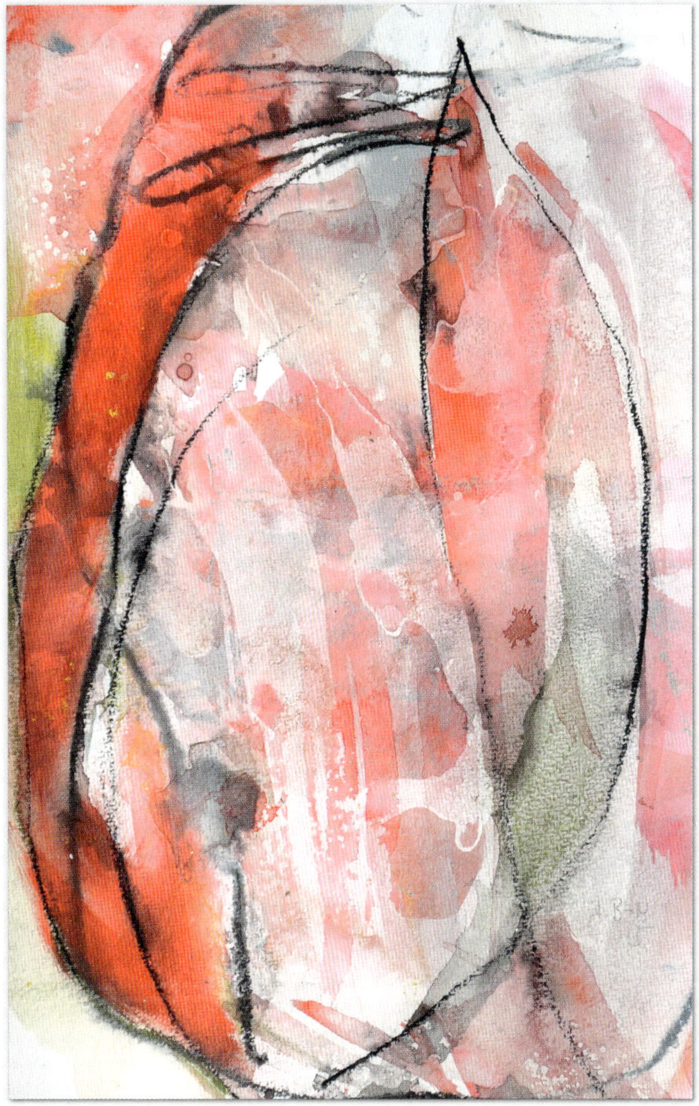

Die unverdünnte kadmiumrote Farbe hat eine ganz andere Wirkung und Intensität als der gleiche Farbton mit Wasser verdünnt. Häufig verwende ich deckende Frabenflächen neben lasierenden einer Farbe, um genau diesen Effekt zu erzielen.

Zum Schluss mit weiteren Linien spielen. Der hellgrüne Woody bringt einen feinen Komplementärkontrast ins Bild, weiße Linien sorgen für Blitzkanten und Licht.

Abstrakte Blumen in Serie

Linie und Fläche

Material:

- *Aquarellpapier, ca. 300 g/m², 21 x 29,7 cm*
- *Acrylfarben in Himmelblau hell, Königsblau, Elfenbein, Titanweiß, Olivgrün, Gründgelb, Siena Natur, Siena gebrannt, Primärmagenta, Primärcyan, Phthaloblau und Umbra gebrannt,*
- *Ölkreide in Neonmagenta*
- *Woodys in Purpur, Dunkelblau, Hellgün*
- *Borstenpinsel 1" und Größe 16*

Ganz in blaue Farbklänge getaucht ist diese floral abstrahierte Serie. Durch das Spiel mit Werkzeugen und Farbaufträgen ist eine Komposition entstanden, die scharfkantige Formen, weich übergehende Flächen und Linien als Kontrast gegenüberstellt. Das Zusammenspiel der verschiedenen Farbqualitäten macht die Serie zusätzlich spannend. Es sind in jeder Farbrichtung sowohl reine, leuchtende Töne als auch gebrochene Farben verwendet. Die hellen blauen Farbtöne gehen in den Hintergrund und lassen den intensiveren Farben Platz, nach vorne zu kommen. So entsteht Tiefe. Eine abstrakt-florale Komposition hatte ich zu Beginn gar nicht im Sinn, sie entstand erst durch die Wahl der grünen Farbtöne und die Formen, die sich dadurch ergeben haben.

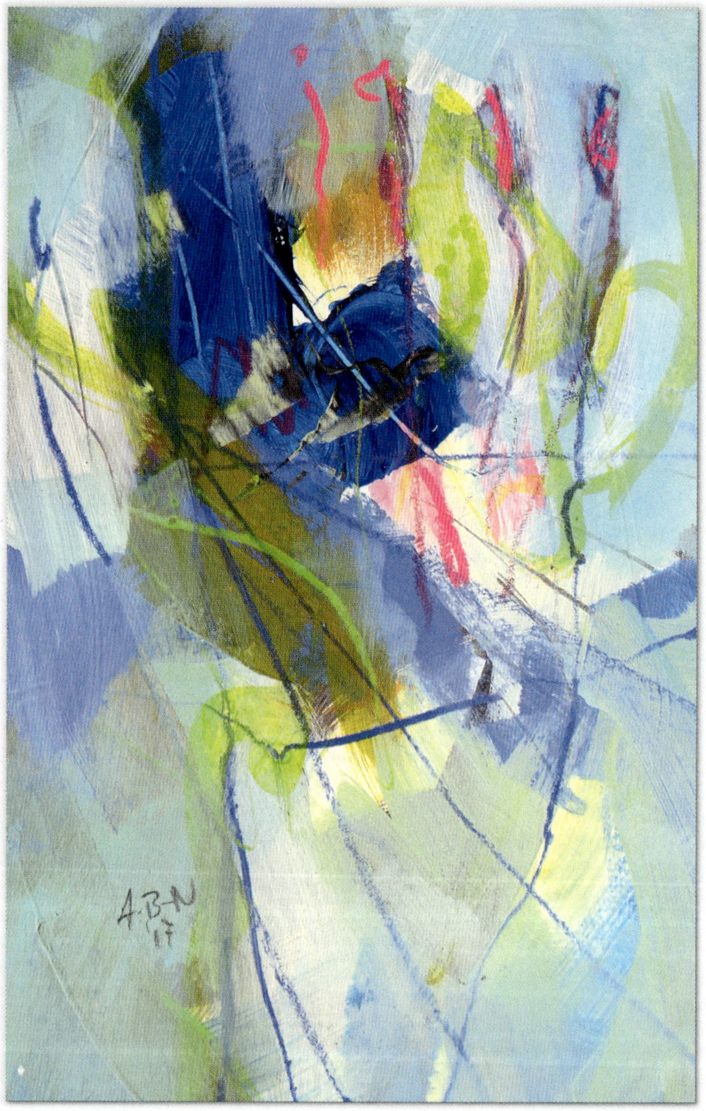

So geht es

Die sechs Papiere neben einander legen und mit den kräftigen Blautönen im Untergrund beginnen. Dazu mit dem breiteren Borstenpinsel abgegrenzte Flächen in Primärcyan, Phthaloblau, Königsblau und wenig Umbra gebrannt setzen. Es sollte noch Papierweiß stehen bleiben.

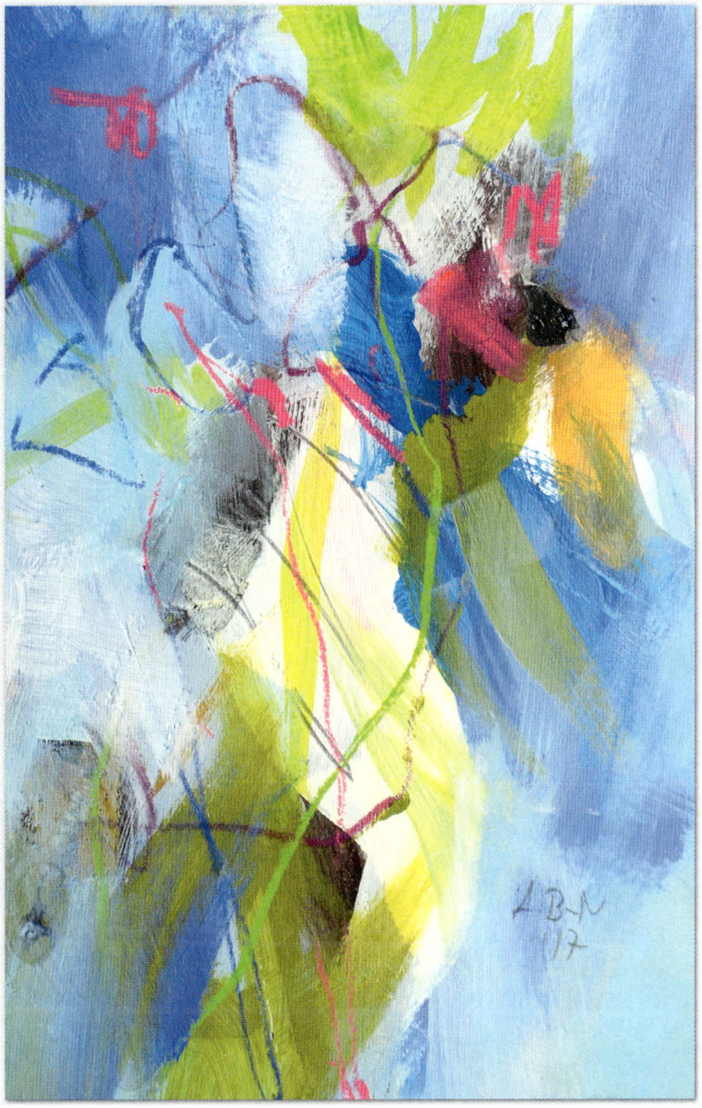

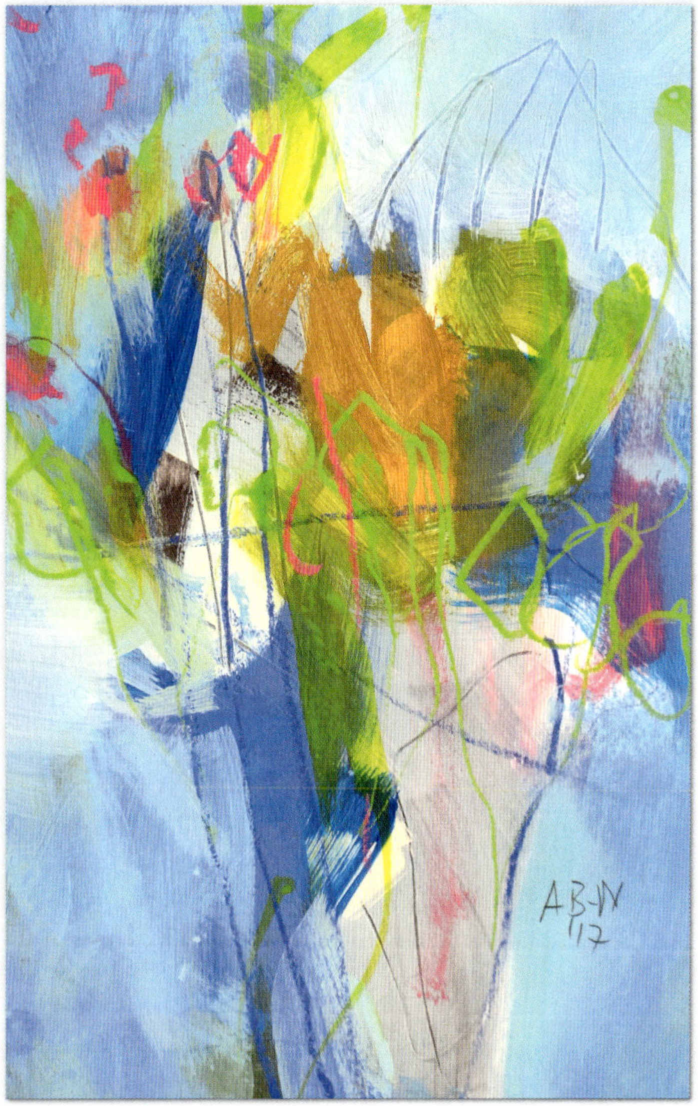

Wo der Pinselstrich gegen eine andere, noch feuchte Farbe stößt, verziehen sich die Farbtöne in einem weichen Übergang. Dort, wo der Pinsel eine trockenen Papierfläche trifft, bleibt die Form scharfkantig. Auf diese Art und Weise entstehen bereits im ersten Arbeitsgang harte Kanten und weiche Übergänge. Auch Lichter bzw. helle Stellen sind dann noch vorhanden.

Ohne den Untergrund komplett durchtrocknen zu lassen mit der nächsten Schicht beginnen. Mit Elfenbein, Titanweiß, Himmelblau hell außen herum aufhellen und die Konzentration durch die kräftigen Farben in der Mitte stehen lassen. Diese Schicht wird wieder nass in nass gearbeitet, damit es weiche Übergänge ergibt, muss aber dann trocknen.

Tipp:
Jede zusätzlich verwendete Farbe verändert den Farbklang maßgeblich. Wählt man mehr Töne mit Gelbanteil oder gebrochene Farben, ist die Wirkung wärmer, verwendet man mehr bläuliche Farben und reine Farben, ist die Wirkung eher kühl. Mehr Spannung erhält man, wenn beides im Bild zu finden ist. Der Kontrast von gebrochenen Tönen zu reinen Farbtönen wird Qualitätskontrast genannt.

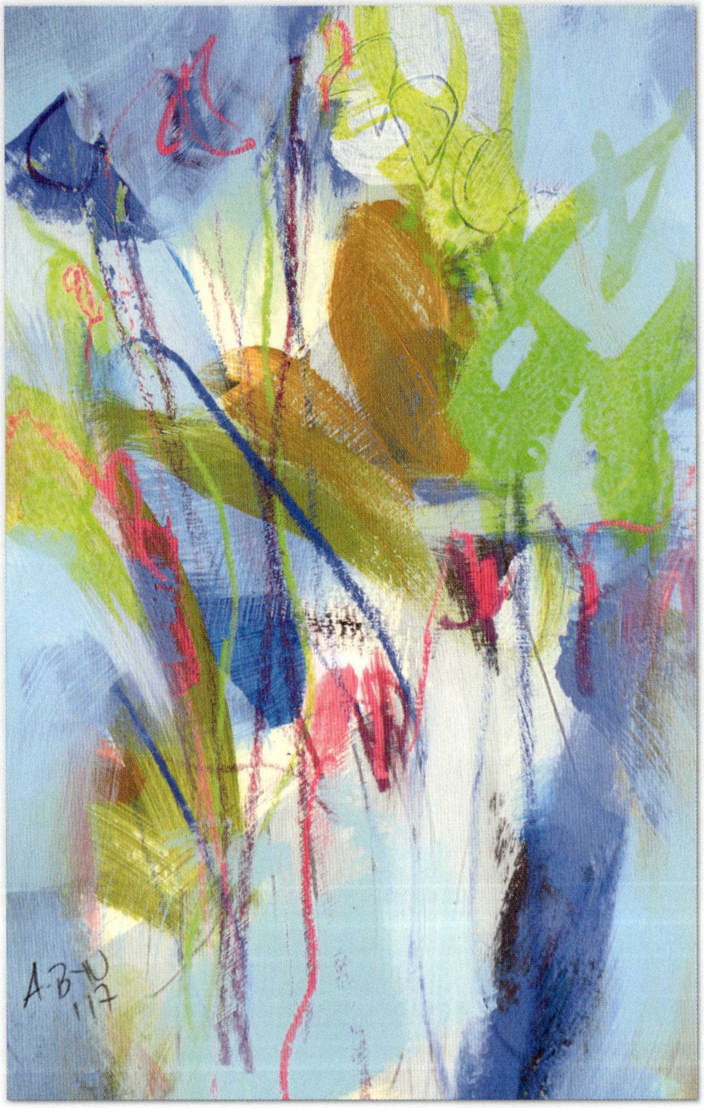

Der Farbklang ist nun noch eher kühl. Mit der nächsten Schicht und den grünen Farbschwüngen ändert sich dies. Gebrochenes Olivgrün und Gelbgrün, zum Teil verdünnt, sowie Siena gebrannt werden in die Nähe der Konzentration gemalt.

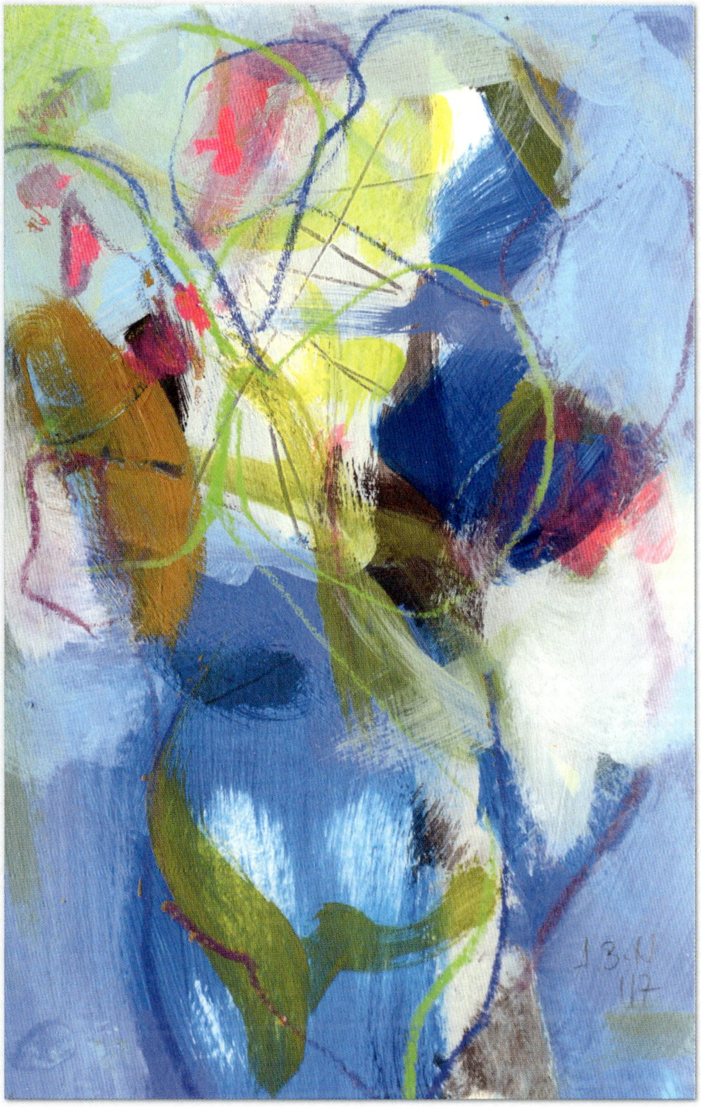

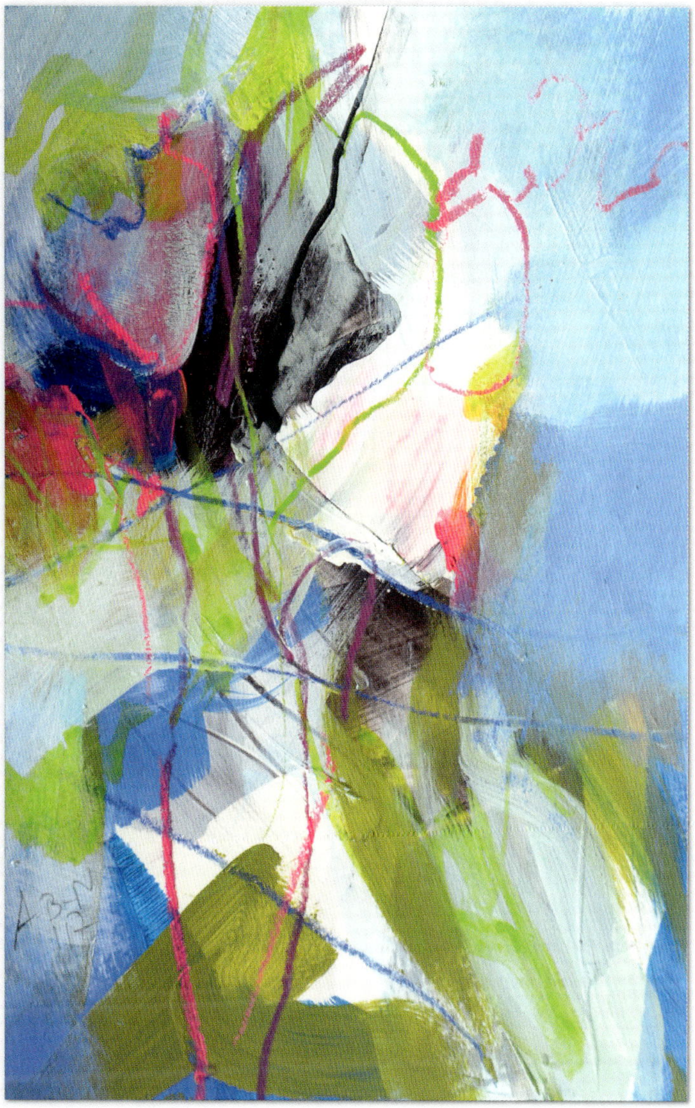

Sofort ändert sich die Stimmung der Arbeiten: Sie erhalten Licht und etwas mehr Wärme. Wenige Pinselspuren in Primärmagenta kommen dazu und ziehen nun den Blick an.

Mit dem abschließenden Linienspiel werden die Formen weiter zusammengefügt und die florale Anmutung verstärkt. Angedeutete Blätter, Stängel und Knospen lassen nun an abstrahierte Blumensträuße denken.

Tipp:
Bei dieser Weise des Farbauftrages können alle Sorten flüssiger Farbe eingesetzt werden. Airbrush und Tusche sind am intensivsten und trocknen wasserfest auf. Auch verdünnte Acrylfarbe funktioniert gut, allerdings ist darin dann weniger Pigment und die Flächen sind weniger farbintensiv und transparenter. Es können ebenso Aquarellfarben oder flüssige Wasserfarben wie Ecoline genutzt werden. Dabei ist alledings zu beachten, dass sie sich in der nächsten Schicht wieder anlösen können, da sie nicht wasserfest auftrocknen.

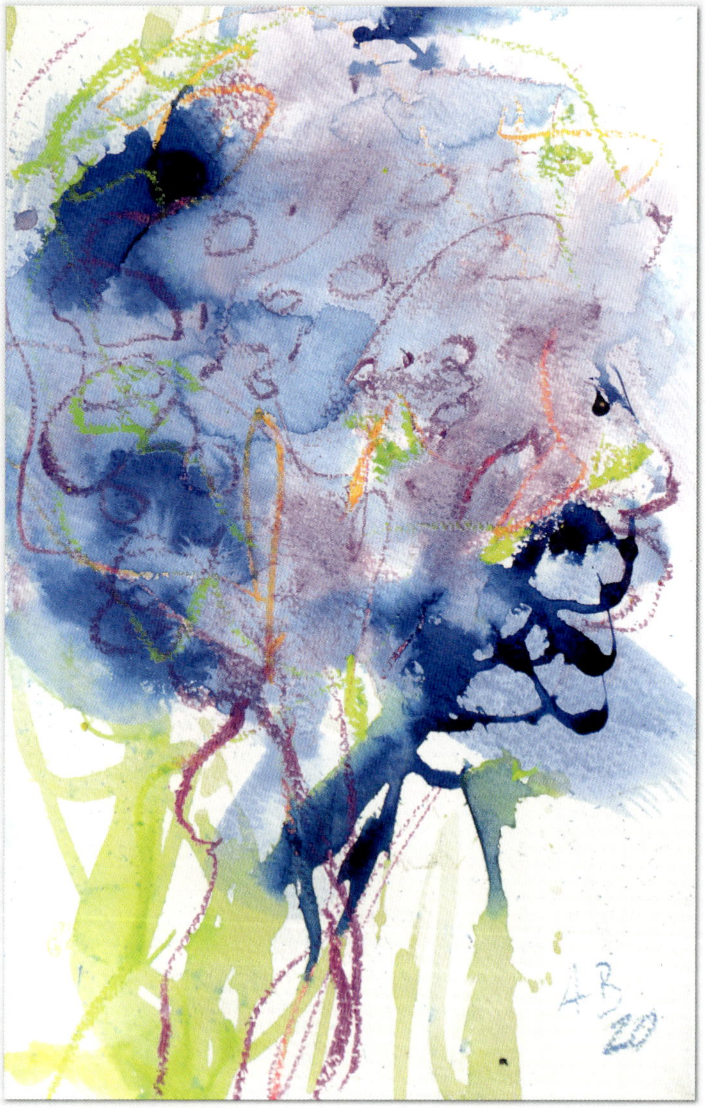

Mit der Pipette können ebenfalls mit der Tusche Linien gezeichnet werden. Dann die grünen Blätter und Stiele in Titangelb grünlich locker mit dem Kalligrafiepinsel aufmalen.

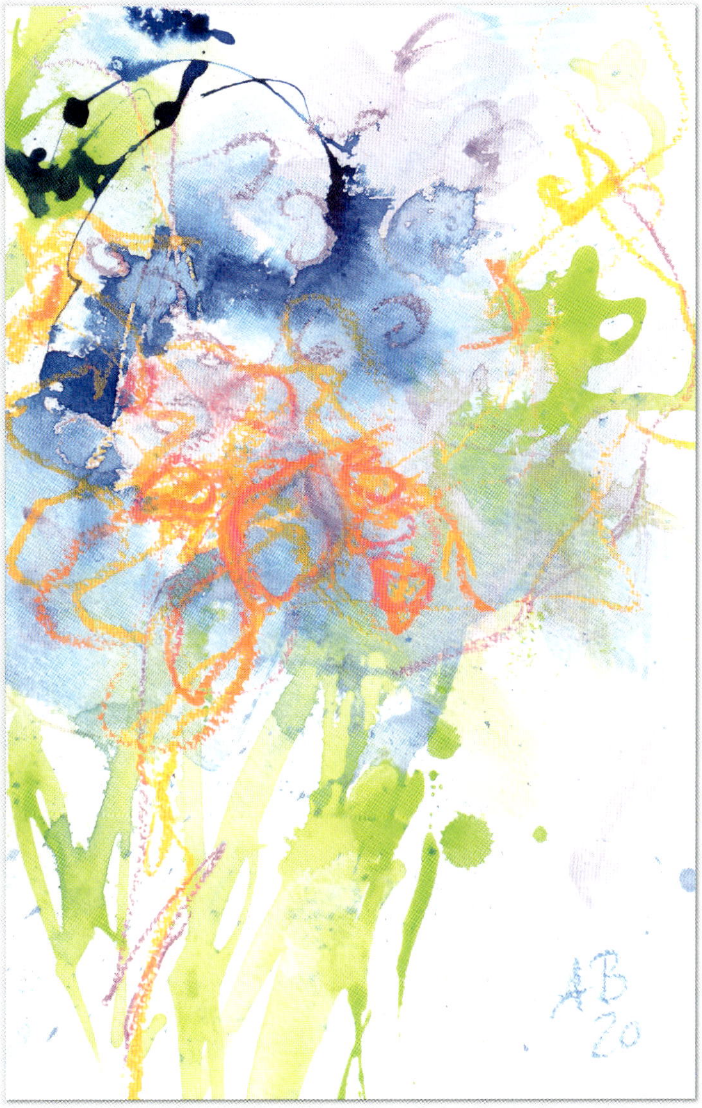

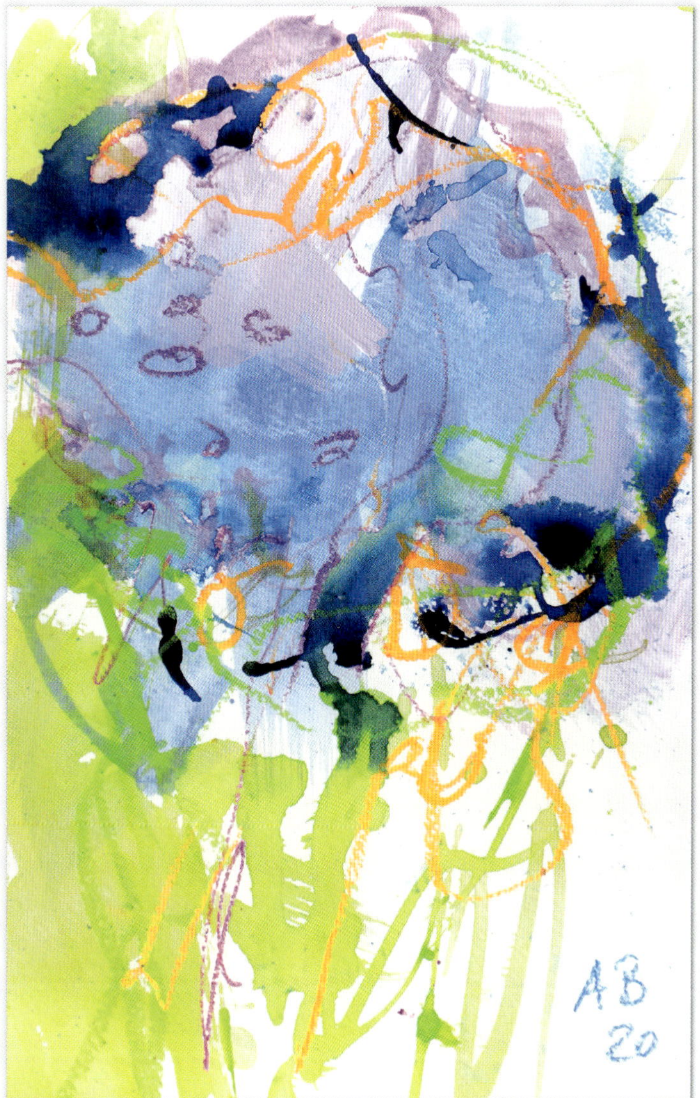

Auch hier erhalten die Blüten zum Abschluss noch einige Linien und Kringel mit dem Woody und Ölkreide in intensiven Farbtönen, damit sie in Kontrast zu den weichen Blüten treten und die Bildspannung erhöhen. Dabei wieder mit dem Duktus spielen, also durch unterschiedlichen Druck auf den Stift mal dicke, mal dünnere Linien erzeugen. Man kann versuchen, auch einmal eher unübliche, sich vielleicht sogar „beißende“ Farbkombinationen zu gestalten.

Frische Blüten in Serie

Nahaufnahme

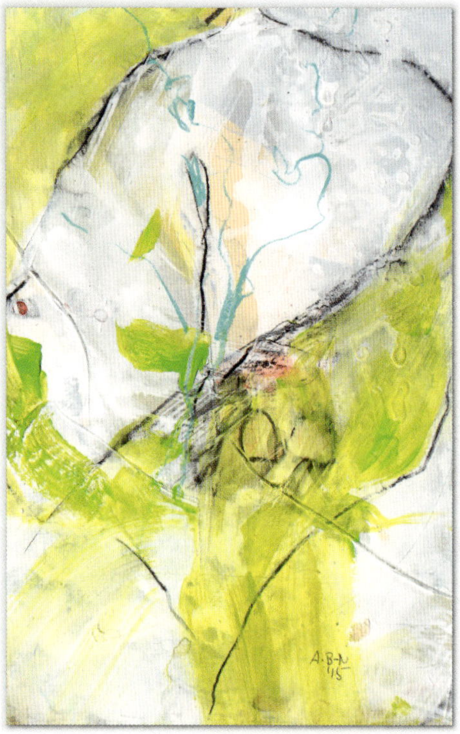

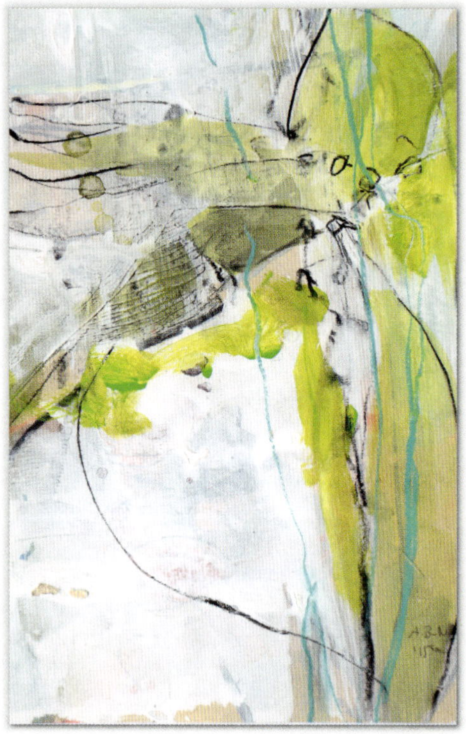

Material:

- *Naturfarbener Zeichenkarton in Hellbeige, 200 g/m², ca. 21 x 29,5 cm*
- *Acrylfarben in Kieselgrau, Grüngelb, Karminrot und Neutralgrau*
- *Acrylemulsion und weißes Pigment*
- *Woodys in Türkis und Schwarz*
- *Aquarellpinsel, Kalligrafiepinsel und breiter Borstenpinsel 3"*
- *Colour Shaper*
- *Linolwalze*

Jede Farbgebung hat ihre spezifische Anmutung. Die Stimmung im Bild, Licht und Schatten, sogar Tages- oder Jahreszeit können mit der Farbigkeit vermittelt werden. Diese 4er Serie wirkt licht und frühlingsfrisch und durch die gelblichen Grüntöne wie von der Sonne angestrahlt. Diesmal habe ich auf einem hellbeigen Zeichenkarton gearbeitet. Der hellste Farbton, also die Farbe des Papiers, ist dadurch nicht vorhanden und als zusätzliche weiße Lasurschicht aufgemalt. Diese Lasurschicht ist mit Acrylemulsion und weißem Pigment gearbeitet; sie ist glänzend und bildet mit dem matt-beigen Untergrund einen schönen Oberflächenkontrast. Darunter liegende Elemente schimmern noch leicht durch. Einen weiteren Kontrast schaffen die starken schwarzen Konturen, die aber nicht starr wirken, sondern durch ihren „Duktus" (der Strich variiert in der Stärke) lebendig aussehen. Durch Überlagerung der Linien, die mit den wasserver- malbaren Stiften gezeichnet wurden, werden diese angelöst und schaffen lasierende Flächen in den jeweiligen Farbtönen. Jede dieser Schichten bringt Tiefe ins Bild.

So geht es

Auf dem Untergrund zu Beginn in neutralen Tönen und verschiedenen Werkzeugen sehr pastos arbeiten: Kieselgrau mit dem Colour Shaper, Neutralgrau mit der Linolwalze auf den Bildgrund bringen.

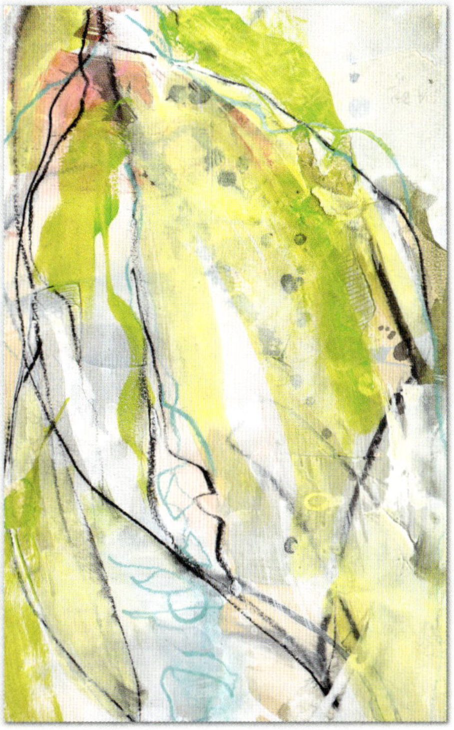

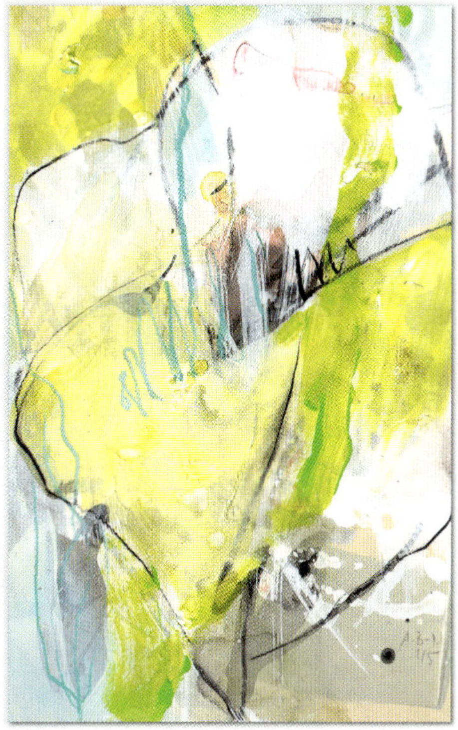

Anschließend verdünntes Karminrot als Lasur mit dem breiten Borstenpinsel auftragen. Jede Schicht sollte vor dem Auftragen der nächsten etwas antrocknen.
Nun kommen schon die ersten Linien dazu. Der schwarze Woody ist sehr weich und pigmentreich, deswegen lassen sich damit satte Konturen zeichnen, mal mit viel Druck und mal mit wenig Druck. So entsteht eine spannende, abwechslungsreiche Linie, die lebendig wirkt.

Die entstandenen Strukturen aus den ersten beiden Schichten mit den pastosen Grautönen können ebenfalls mit dem Woody herausgearbeitet werden, indem leicht über diese reliefartigen Erhöhungen gerieben wird.
Anschließend mit dem breiten Borstenpinsel eine Schicht aus Acrylemulsion und weißem Pigment aufbringen. Damit werden die dunklen Konturen stellenweise angelöst und dadurch aufgeweicht. An den Stellen, die zu weich geworden sind, nach dem Trocknen noch einmal Konturen ziehen.
Bisher ist die Serie noch wenig farbig. Das ändert sich nun. Mit gelbgrüner verdünnter Acrylfarbe stellenweise weitere Flächen auf den Malgrund setzen. Die Wirkung ist jetzt eine ganz andere, denn erst der grüne Farbton macht diese Serie zu einem floralen Motiv. Zum Abschluss nur noch wenige Kritzel-Linien mit dem türkisen Woody und die Serie ist fertig!

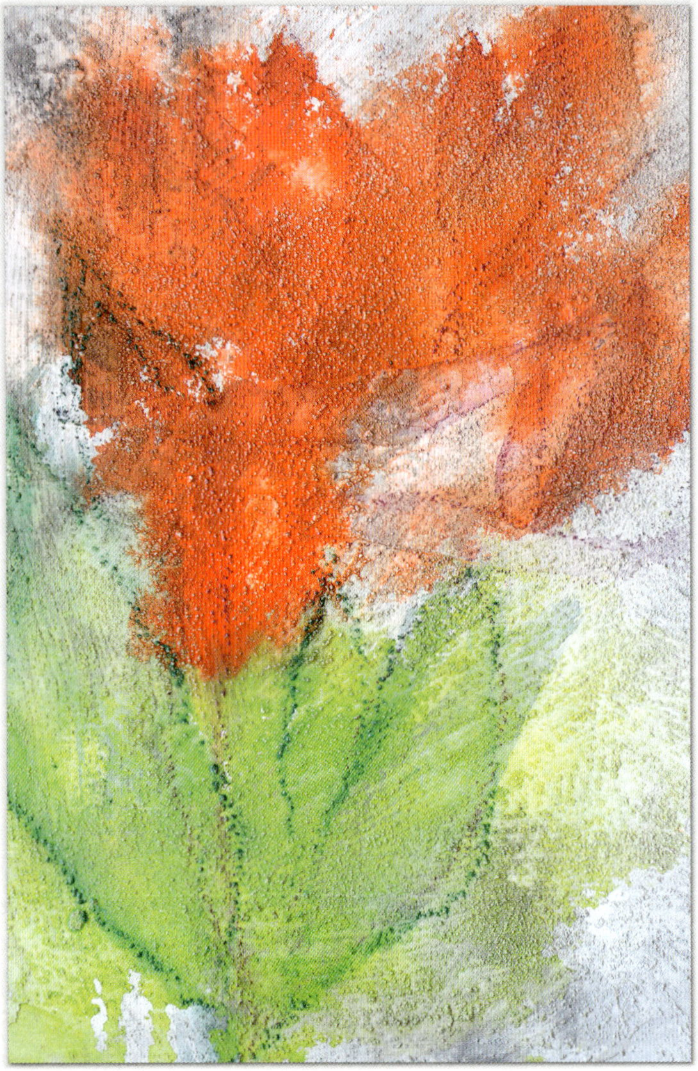

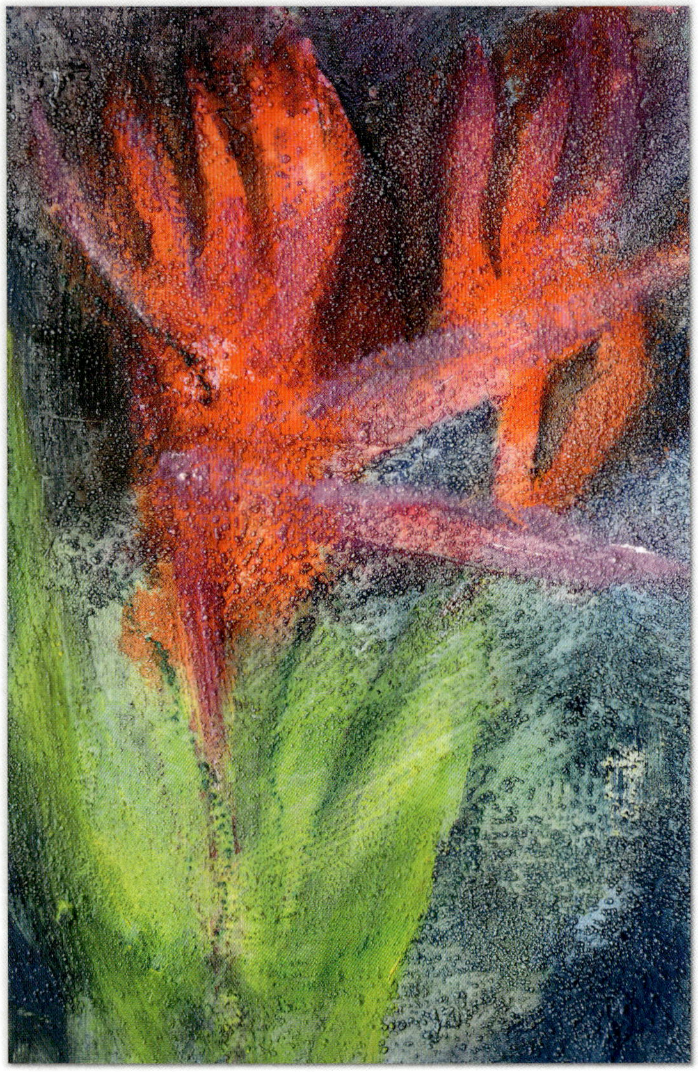

3 Rote Tusche oder Airbrush-Farbe über die Zeichnung auf den Strukturgrund fließen lassen, ebenso gelblichgrüne Tusche über den unteren Teil des Bildes geben. Dabei dürfen diese Farbtöne nicht ineinander laufen, da sonst der Farbklang schmutzig wird. Gegebenenfalls die erste Farbe trocknen lassen, bevor die zweite aufgetragen wird.

4 Jetzt mit Acrylfarbe in einer Mischung aus Indigo und Vandyckbraun außen herum malen. Die Farbe mal dicker, mal dünner auftragen, damit sich unterschiedliche Mischtöne ergeben. Dabei die roten und grünen Formen der Strelitzie stehen lassen. Hier kann entschieden werden, ob die Ummalung exakt sein soll oder ob die Konturen ein wenig verlaufen. Um die Leuchtkraft zu steigern, stellenweise Tusche in Magenta auf die rot-orangen Flächen geben.

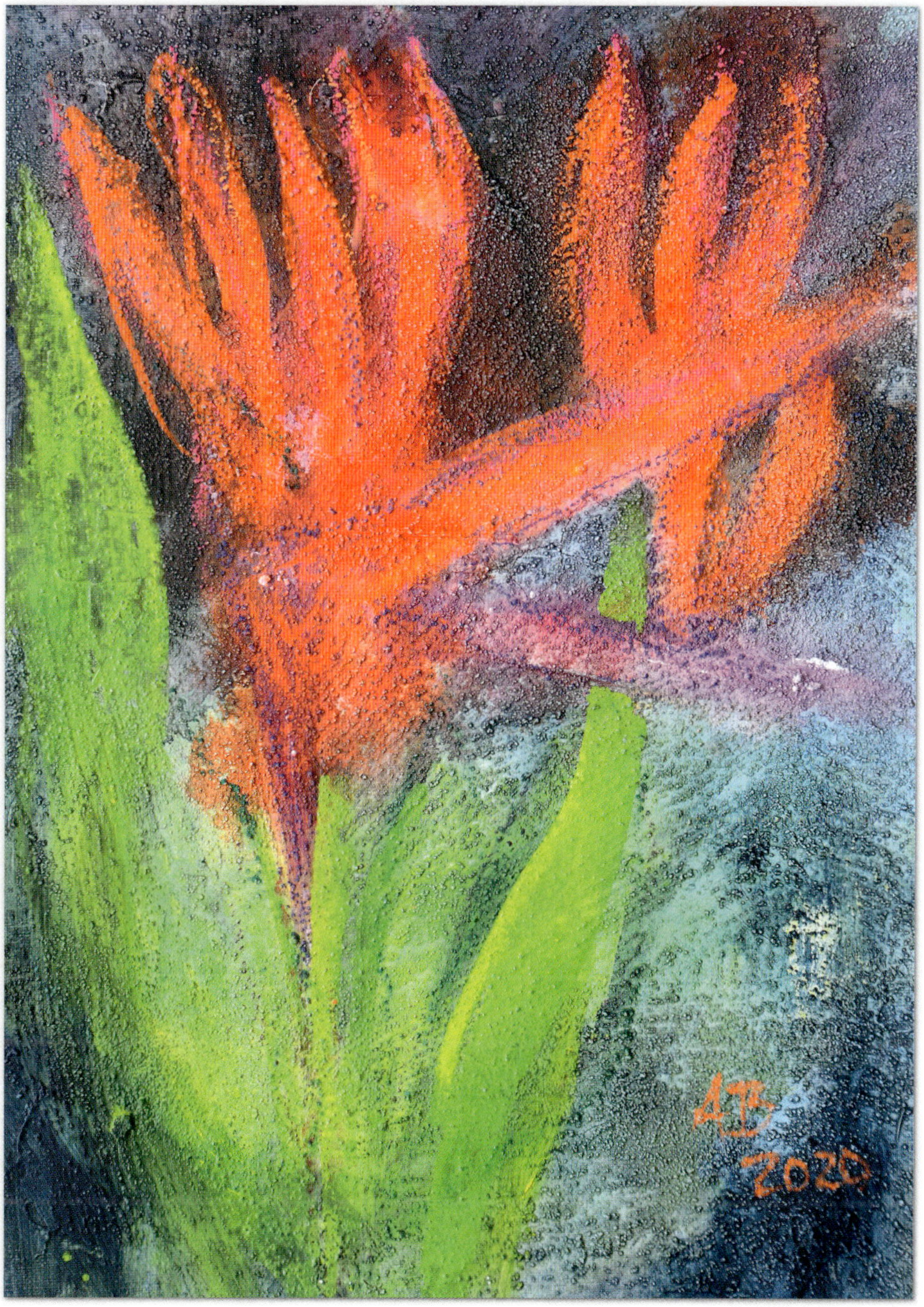

5 Nun noch einige Akzente mit Titanweiß in die Blüten geben, damit sich hellere Mischtöne in Violett ergeben. Falls die Formen zu weich geraten sind, mit ein paar Pinselstrichen wieder klären, hier mit Airbrush-Farbe in Titangelb grünlich.

Dschungel

Komplementärkontraste auf Strukturgrund

Material:

- *Leinwand 60 x 90 cm*
- *Acrylfarbe in Elfenbein, Primärmagenta, Himmelblau hell und Farn*
- *Airbrush-Farbe in Zitronengelb und Titangelb grünlich*
- *Tusche in Gelbgrün, Türkis, Phthalogrün, Saftgrün, Phthaloblau und Orange*
- *Breiter Borstenpinsel 4", schmaler Synthetikpinsel Größe 16 und Kalligrafie- oder Aquarellpinsel mit Spitze*
- *Sprühflasche mit Wasser*

Dieses Bild bietet einen Blick in den wild wuchernden tropischen Dschungel. Es lebt von Gegensätzen: Lichtdurchflutete, leuchtend hellgrüne Bereiche treten in Spannung mit schattigen Stellen in Dunkelgrün und Preußischblau. Die Farbgebung und der Wechsel zwischen weich verlaufenen Farben und klaren Konturen lassen die Darstellung sehr lebendig und natürlich wirken. Spannung bringt außerdem der Komplementärkontrast Grün-Rot.
Durch den Strukturgrund sind die Möglichkeiten begrenzt, mit Linien zu arbeiten, aber Pinselzeichnungen mit Tusche oder Airbrush-Farbe sind auch auf einem Strukturgrund machbar. Das unterschiedlich starke Linienspiel in diesem Bild steht im Kontrast zu den weichen, zum Teil auch durchscheinenden Farbverläufen. Ein weiterer Kontrast sind die orangen und magentafarbenen Spuren, die zum Schluss an helle Stellen im Bild gesetzt werden.

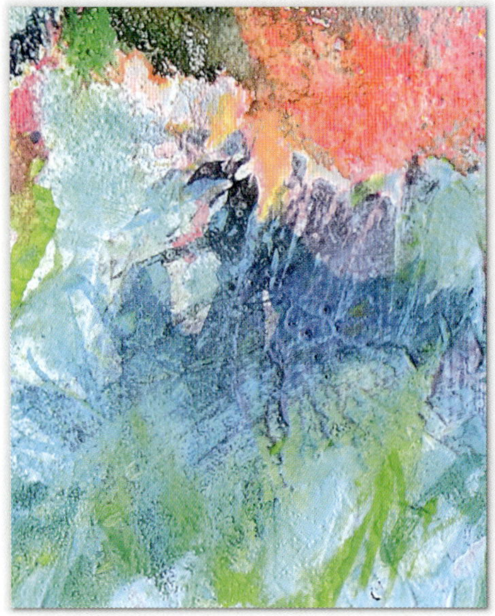

Ausschnitt 1
Bläuliche und hellere Farbtöne treten optisch nach hinten, rote und intensivere kommen nach vorne in den Blick. Das schafft Tiefe.

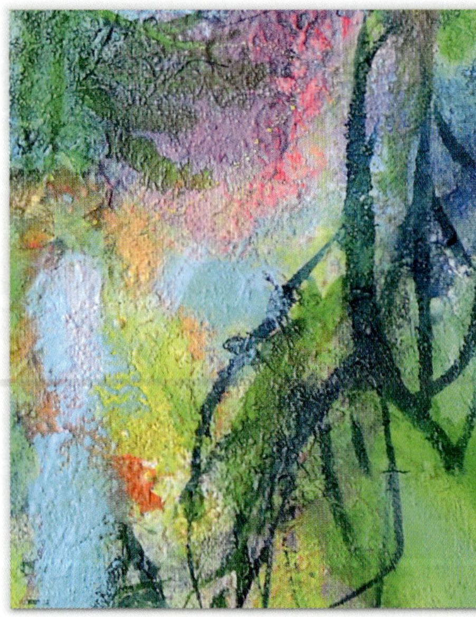

Ausschnitt 2
Pinselzeichnungen mit klaren Konturen treten in den Kontrast mit weich verlaufenen Farbübergängen.

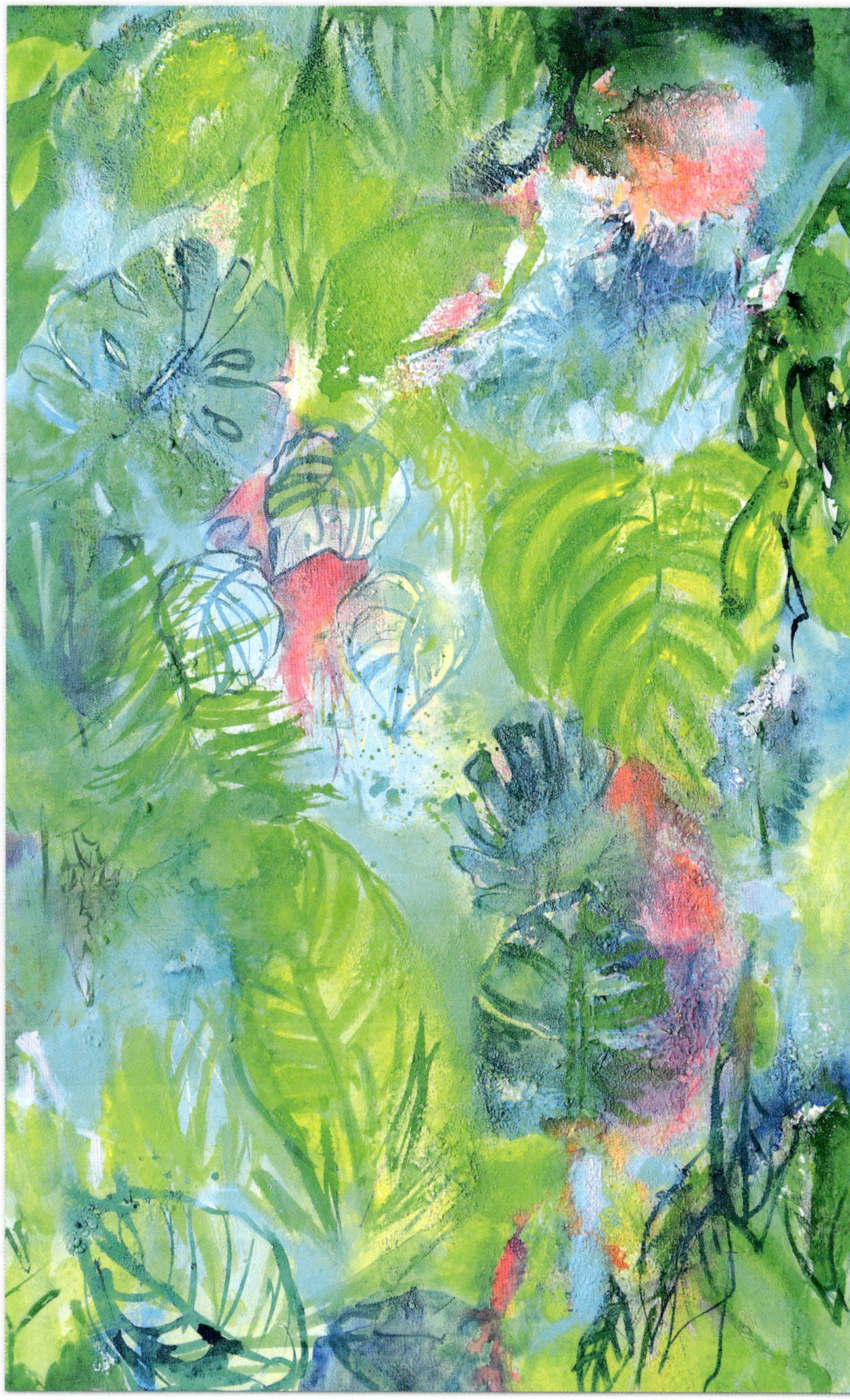

So geht es

Zuerst den Strukturgrund mit Wandfarbe und Sand anlegen. Hier wurde ein älteres Strukturbild mit Wandfarbe wieder frisch weiß grundiert. Nachdem die Grundierung getrocknet ist, eine diffus-weiche Bemalung mit den Farben Elfenbein, Magenta, Himmelblau hell und Farn aufbringen. Trocknen lassen.
Anschließend mit dem Kalligrafiepinsel oder einem Aquarellpinsel mit feiner Spitze Blätter und Strukturen aufmalen. Dafür Airbrush-Farbe in Zitronengelb und Titangelb grünlich sowie Tusche in Gelbgrün, Türkis, Phthalogrün, Saftgrün und Phthaloblau verwenden.
Einige Kanten der Blätter mit Wasser auflösen, entweder mit der Sprühflasche oder mit dem Pinsel. Die flüssigen Farben lassen die Strukturen schön zur Geltung kommen, denn sie fließen in die Vertiefungen, während die Erhöhungen heller bleiben.

Dschungel im Licht

Malerisch mit starker Kontur

Material:

- *Leinwand 80 x 60 cm*
- *Acrylfarbe in Neongrün, Paul-Veronesegrün, Türkisgrün, Türkisblau, Grüngelb, Olivgrün hell, Lavendel, Preußischblau, Kobaltblau und Primärcyan*
- *Airbrush-Farbe in Titangelb grünlich*
- *Borstenpinsel breit 3", Borstenpinsel schmal Gr. 8, 20 und Linierer*
- *Sprühflasche mit Wasser*

Bei dieser Arbeit wurde der Untergrund ebenso so vorbereitet wie bei „Florale Abstraktion – dynamisch und malerisch“ ab Seite 98.
Auch hier wurde ein alter, schon einmal bemalter Malgrund verwendet, allerdings ohne die weiße Grundierung. Der Keilrahmen wurde direkt farbig überarbeitet, um sofort im ersten Arbeitsgang die Farbstimmung festzulegen. Ähnlich wie beim Arbeiten mit dem Colour Shaper wird hier sehr dick und pastos mit der Farbe gemalt, nur eben klassisch mit dem Borstenpinsel.

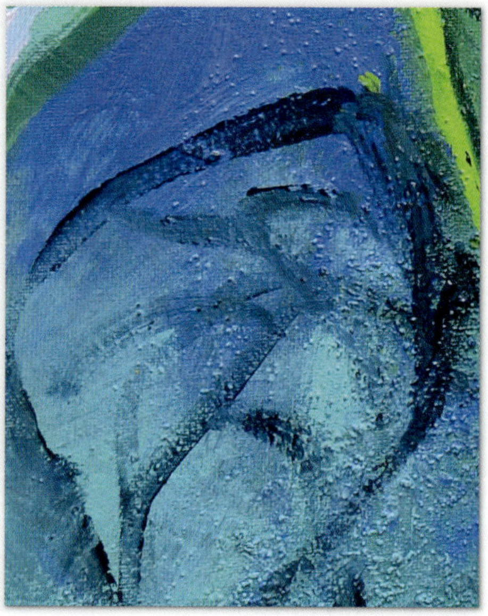

Ausschnitt 1

Die Blattformen sind zum Teil flächig gemalt, zum Teil auch nur als Pinselkontur gearbeitet. Durch die grobe Struktur des Untergrundes kann mit dem Pinsel nicht exakt gemalt werden, deshalb wirken die Linien ebenfalls strukturiert.

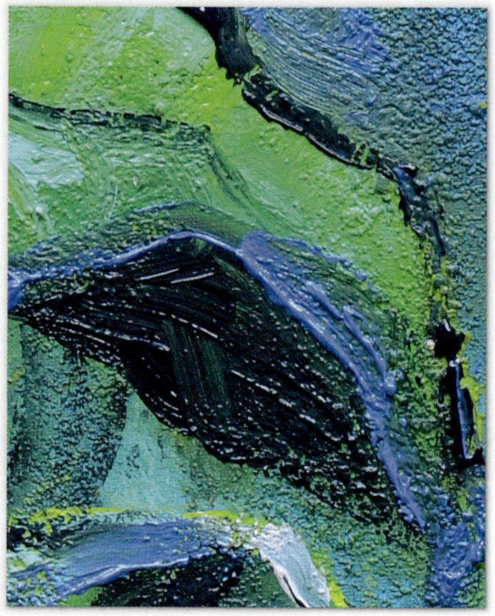

Ausschnitt 2

Die preußischblauen Flächen bilden die Schattierung ebenso wie alle anderen Töne mit viel Blauanteil, während die Lichtfarben viel Gelb enthalten. Das lässt die Szene aufgrund der Beleuchtungssituation lebendig wirken.

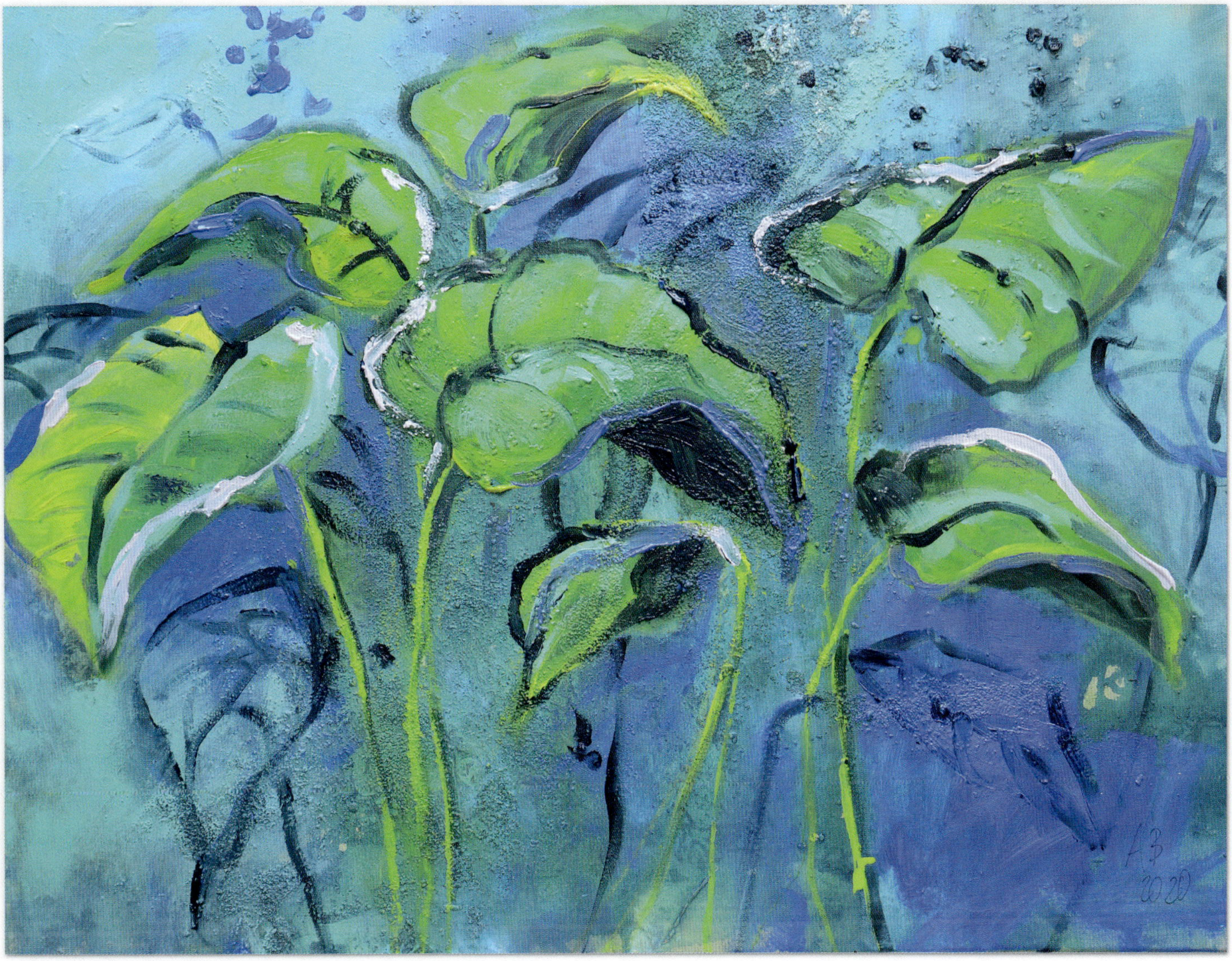

So geht es

Einen bereits verwendeten Malgrund mit einer flüssigen Schüttung aus Primär-Cyan und Türkisblau überdecken. Stellenweise Spuren des alten Bildes hindurchschimmern lassen.

Nach dem Trocknen die Pflanzenformen relativ pastos aufmalen, damit der raue Strukturgrund ganz abgedeckt wird und die Blätter flächig werden. Die Blätter bestehen aus starken Lichtflächen in verschiedenen hellen Grüntönen wie Farn, Grüngelb und Olivgrün hell sowie starken Schattenflächen an der unteren Blattseite in Paul-Veronesegrün und Preußischblau. Die Stängel mit Airbrush-Farbe in Titangelb grünlich und einer Pipette setzen.

Im Untergrund teilweise eine Farbschicht aus Kobaltblau anlegen. Die Farbgebung wird dadurch strahlender.

Da die Blätter noch stärker in den Fokus kommen sollen, diese mit einem schmalen Borstenpinsel verstärken. Hier ganz intuitiv vorgehen und die Konturen impulsiv in Lavendel, Preußischblau und Türkisgrün setzen.

So entsteht eine beherzt gemalte und durch die vielen Diagonalen im Bild dynamische Darstellung von Vegetation, die zudem angedeutet schattiert und dadurch plastisch ist.

Reduzierte Blütenformen

Schüttung auf Natur-Leinwand

Material:

- *Leinwand mit Jute 40 x 40 cm*
- *Acrylemulsion und weißes Pigment*
- *Tusche in Dunkelgrau, Magenta, Alt Goldgrün und Phthaloblau*
- *Airbrush-Farbe in Zitronengelb und Weiß*
- *Kunststoffgefäß zum Schütten*
- *Linierer*
- *Sprühflasche mit Wasser*

Beim Anlegen dieser Serie war es mir wichtig, möglichst viel vom groben Leinen-Untergrund stehen zu lassen, damit er gut zur Geltung kommt. Daher habe ich mit Farbe und Material zurückhaltend und reduziert gearbeitet. Der Prozess des Schüttens ist intuitiv, aber dennoch kann durch die Art und Führung des Gefäßes gesteuert werden, wie die Formen in etwa aussehen sollen. Hier wurde eine selbst gemischte Farbe mit Acrylemulsion und weißem Pigment verwendet, denn diese Mischung hat den Vorteil, fließfähig und trotzdem etwas deckender zu sein als mit Wasser verdünnte weiße Acrylfarbe. Die Schwierigkeit bei dieser Technik ist, schon beim ersten Guss eine stimmige Form und Position zu erzielen. Deswegen sollte man am besten vorher einmal auf Papier üben. Die weißen Farbflächen bleiben selbst nach dem Trocknen glänzend und bilden einen spannenden Kontrast zum rauen Leinengewebe des Untergrundes.

1 Zuerst in einem kleinen Kunststoffgefäß Acrylemulsion und Pigment mischen. Falls die Mischung zu fest geworden ist, mit etwas Wasser verdünnen. Am besten vorher auf einem Papier eine „Test-Schüttung" vornehmen, um zu sehen, wie sich die Farbe verhält. Wenn sie gut fließfähig, aber nicht zu transparent ist, kann geschüttet werden. Schwungvoll, wenn es eine zusammenhängende, große Form werden soll, und eher in Klecksen, wenn einzelne Blätter entstehen sollen.
Mit dem Linierer schnell durch die nasse Farbe ziehen, damit lockere feine Linien wie Blätter und Stängel dazukommen. Falls dabei Tropfen entstehen, umso besser, denn das unterstützt die freie und spontane Darstellung.

2 Nun zunächst die weiße Schüttung trockenen lassen und dann die Farbakzente setzen.
Bei Schritt 2a Tusche in Alt Goldgrün verwenden und Stängel in Grau malen. Bei Schritt 2b Airbrush-Farbe in Zitronengelb mit der Pipette in die Blütenmitte träufeln. Die Ränder mit der Sprühflasche ansprühen, damit die Tropfen verlaufen. Den Stängel mit Grau malen. Bei Schritt 2c mit dem Pinsel eine Mischung aus Tusche in Magenta und Phthaloblau auftragen. Den Stängel wieder in Grau dazu setzen.

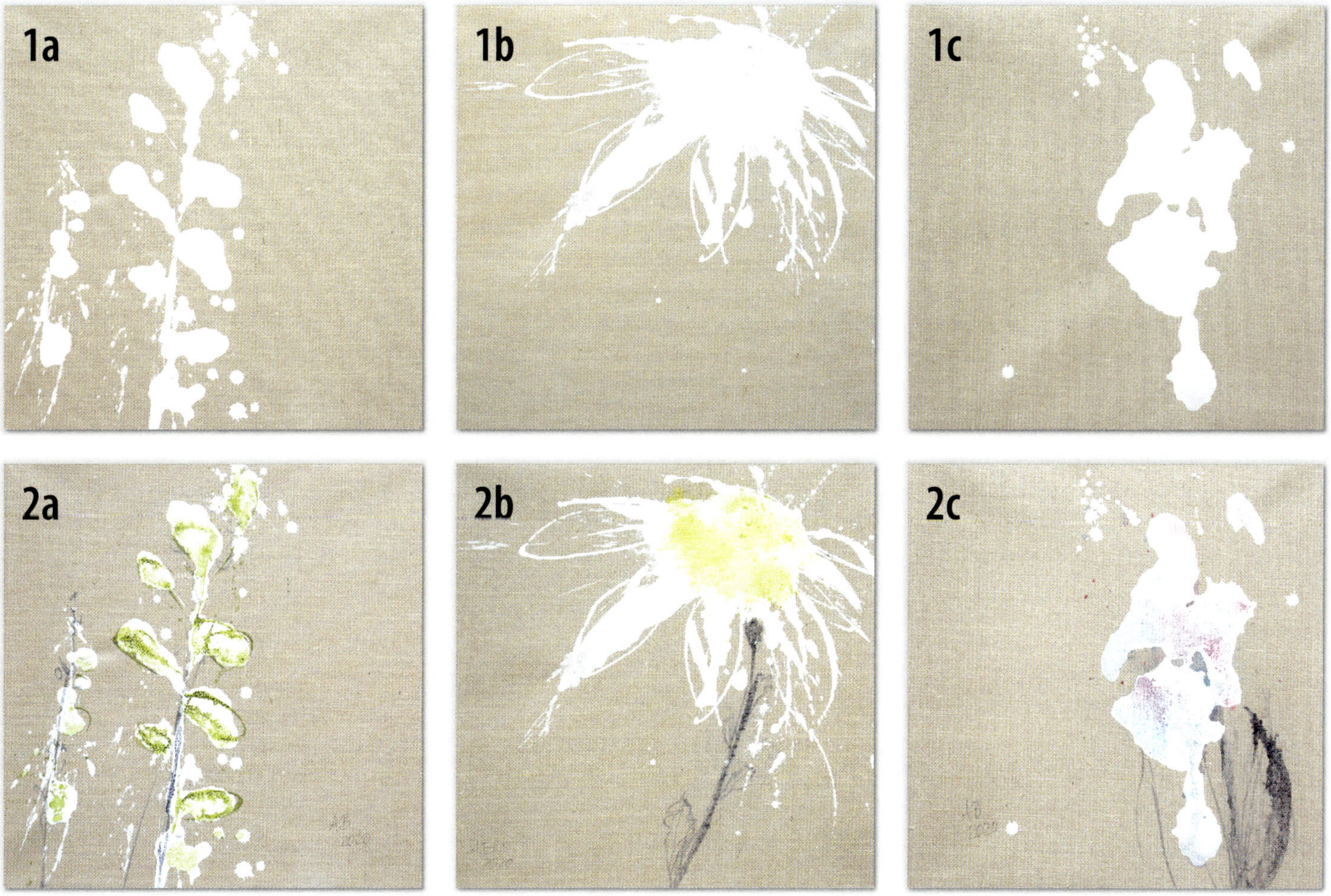
1a
1b
1c
2a
2b
2c

Florale Abstraktion

Experimentell auf Strukturgrund

Material:

- *Leinwand 80 x 60 cm*
- *Acrylfarbe in Titanweiß, Neonorange, Primärgelb, Hellgrau und Permantrotviolett, am besten fast leere Tuben*
- *Ölkreide in Blau, Neon-Magenta und Neon-Gelb*
- *Borstenpinsel 3" und Kalligrafiepinsel*
- *Sprühflasche mit Wasser*

Hier wurde wieder ein schon einmal bemalter Bildträger recycelt, indem er frisch mit Wandfarbe grundiert wurde. Gerade die alten Leinwände mit Struktur und reliefartiger Oberfläche eignen sich für das Überarbeiten mit flüssiger Farbe, denn die Flächen erhalten schnell Tiefe. Falls man aber kein Bild zum Übermalen im Fundus hat, kann man einfach einen Strukturgrund mit Wandfarbe und Sand anlegen.

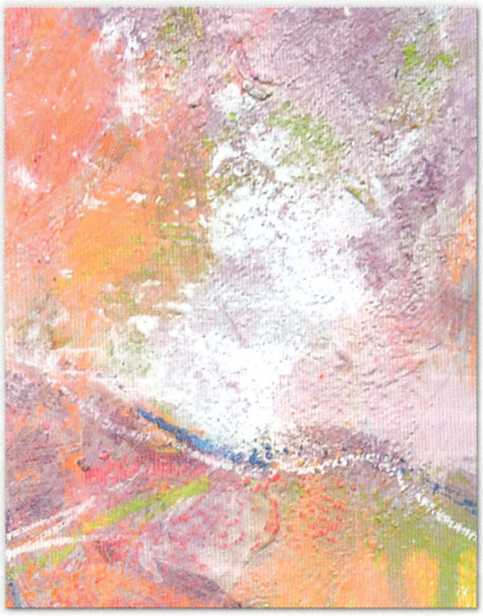

Ausschnitt 1

Durch den Strukturgrund und die Verwendung flüssiger Farben entstehen mit Leichtigkeit interessante Strukturen, denn die Farbe fließt in die Vertiefungen und sammelt sich dort. Die Erhöhungen bleiben im Ton des Untergrundes stehen.

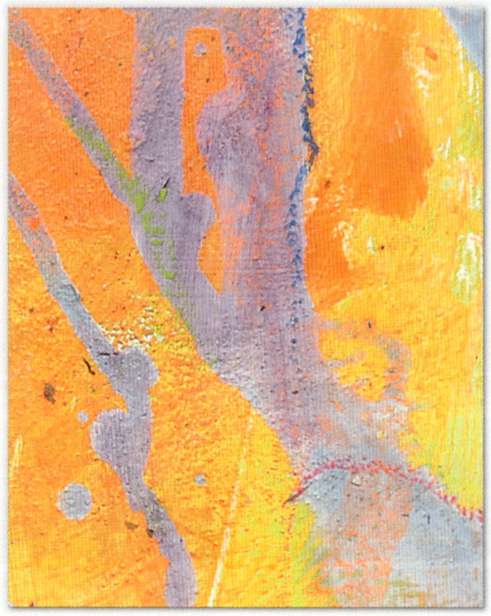

Ausschnitt 2

Laufspuren beleben den Untergrund, können jedoch, wenn es zu viele sind, unruhig wirken. Hier sind durch die Laufspuren zufälligerweise florale Formen entstanden. Überflüssige Strukturen können durch weitere Farbflächen in den nächsten Schichten beruhigt werden.

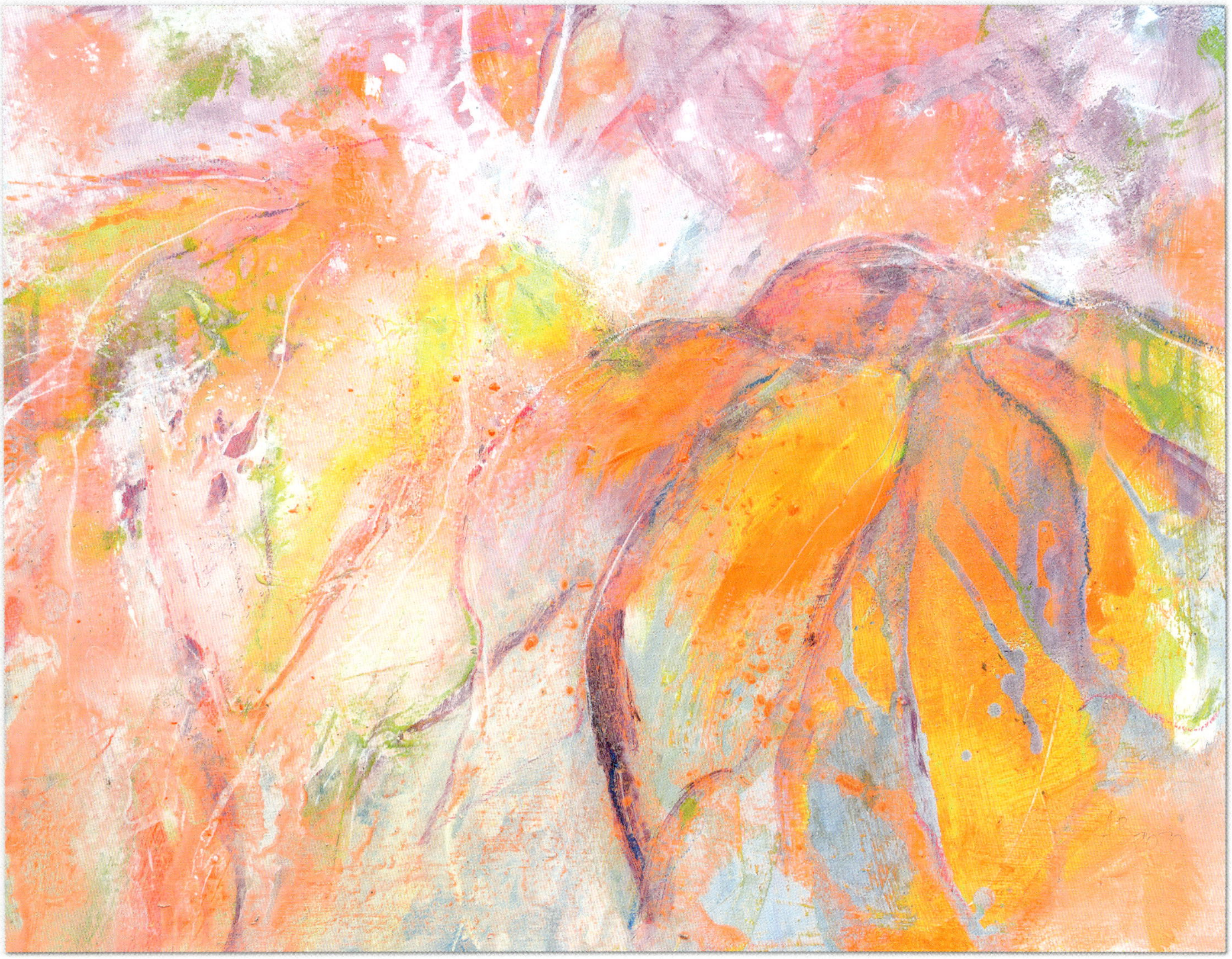

So geht es

Nach dem Trocknen der Grundierung bzw. des Strukturgrunds einige fast leere Farbtuben in Hellgrau, Neonorange, Primärgelb und Permanentrotviolett mit Wasser auffüllen, um die Farbe direkt aus den Tuben über den Malgrund zu spritzen. Mit der Sprühflasche besprühen, damit die Farbe noch mehr ins Fließen kommt. Dabei wird auch das Bild gedreht, damit Laufspuren entstehen. Die weich verlaufenen Formen mischen sich zu spannenden Farbtönen und Farbübergängen.

Die zufällig entstandenen Blütenformen auf der linken Seite mit verdünnter weißer Acrylfarbe aufhellen. Wenn Form und Position der Blüten stimmig sind, die zarten Formen zum Schluss durch ein paar Konturen eingefangen. Die Komplementärfarben (Violett/Gelb und Grün/Rot) im Pastelltonbereich wirken zart und duftig, bringen aber dennoch Spannung ins Bild.

Monstera

Collage mit Rost

Material:

- *2 Holzmaltafeln*
- *Chinapapier*
- *Acrylbinder*
- *Eisenpulver*
- *Oxidationsmittel*
- *Gefäß z. B. stabile Kunststoffverpackung*
- *Sprühflasche mit Wasser*
- *Acrylfarbe in Elfenbein, Titanweiß, Arktis, Mint und Hellgrau*
- *Grafitkreide in Dunkelbraun*
- *Kalligrafiepinsel und breiter Borstenpinsel*

Die Collagetechnik bietet die Möglichkeit, frei zu experimentieren und erst im zweiten Schritt die Gestaltung festzulegen. Und auch dann bleibt der Prozess noch lange offen und veränderlich. Auf der Holzmaltafel mit ihrer glatten und harten Beschaffenheit lässt es sich sehr gut zeichnen. So erhalten diese Arbeiten einen spannenden Kontrast durch die groben Rost-Formen und die filigranen Linien.

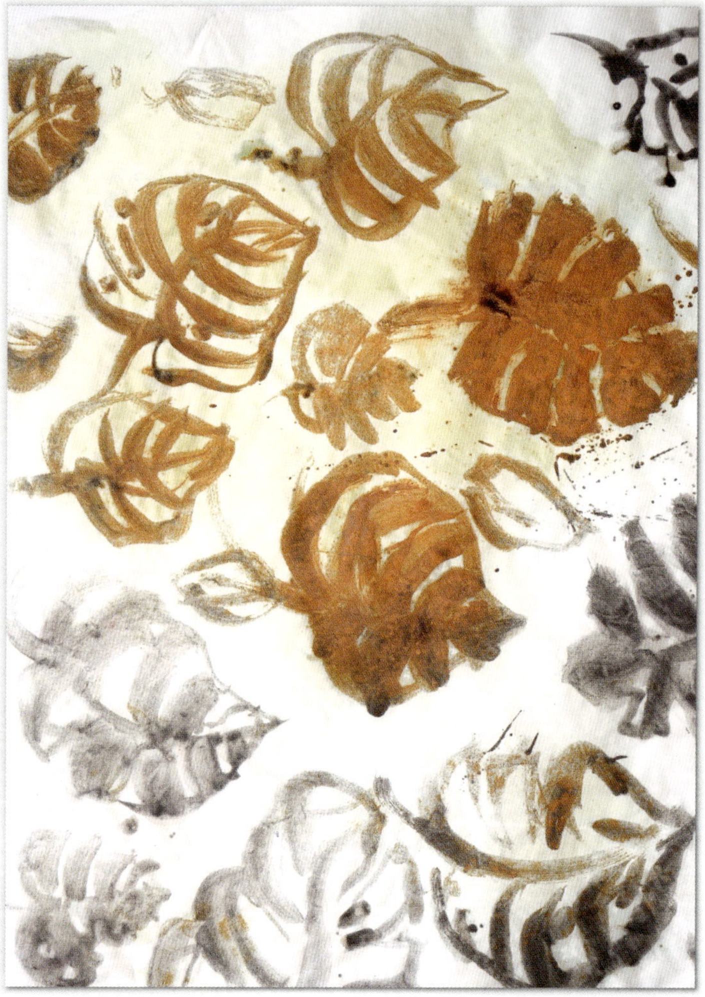

Als Vorbereitung angelegtes Collagepapier, oben schon rostig oxidiert, unten vor dem Oxidieren.

1 Als Erstes die Rost-Papiere anlegen. Dafür Eisenpulver, Acrylbinder und Wasser in einem Kunststoffgefäß anrühren. Nicht zu wenig Wasser verwenden, da die Masse sonst nicht streichfähig ist, und nicht zu wenig Binder, da das schwere Eisenpulver sonst nicht gebunden wird. Damit verschiedene Blattformen auf das Chinapapier malen, am besten mit einem Pinsel mit Spitze wie z. B. ein Kalligrafiepinsel.
Im nassen Zustand mit Oxidationsmittel besprühen und oxidieren lassen. Falls das Oxidationsmittel verdunstet ist und die rostigen Flächen aber noch nicht den gewünschten Farbton haben, noch einmal besprühen.

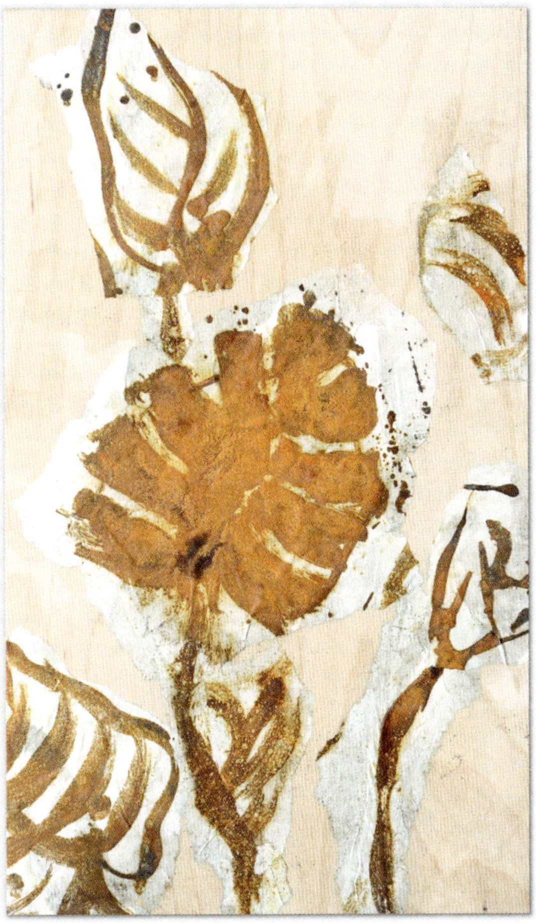

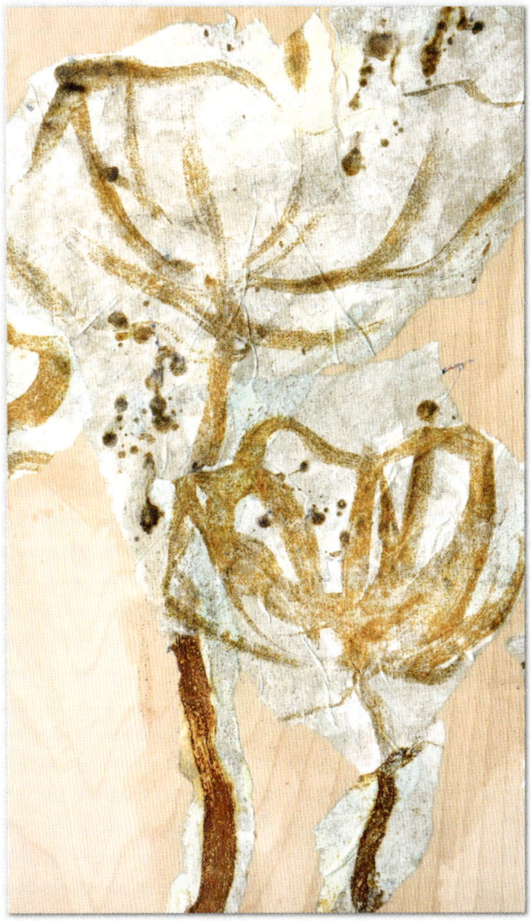

2 Wenn der Oxidationsprozess abgeschlossen ist, die Formen aus dem getrockneten Papier reißen. Dabei rundum einen Rand stehen lassen, damit die Formen später besser in die Acrylfarbflächen integriert werden können. Dann alle Formen auf dem Malgrund arrangieren. Wenn die Komposition stimmig ist, die Papiere mit Binder festkleben. Dabei möglichst keinen Binder auf die rostige Oberfläche bringen, denn durch den Binder würde der Farbton der Rostfläche sehr abdunkeln und ins Braun übergehen. Die Fläche wäre zudem versiegelt und nicht mehr offenporig mit vielen Nuancen sonder gleichmäßig dunkel. Deswegen besser den Holzkörper einstreichen und dann das Papier daraufkleben. Nun trocknen lassen.

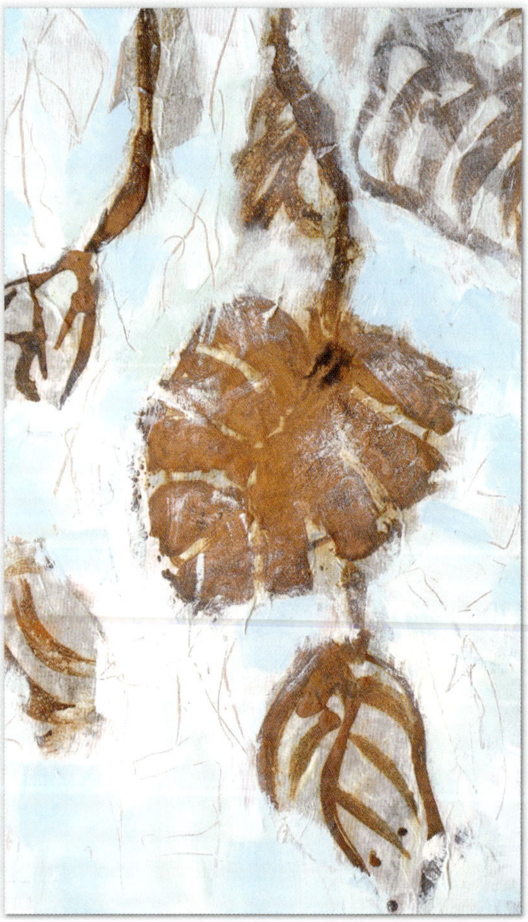

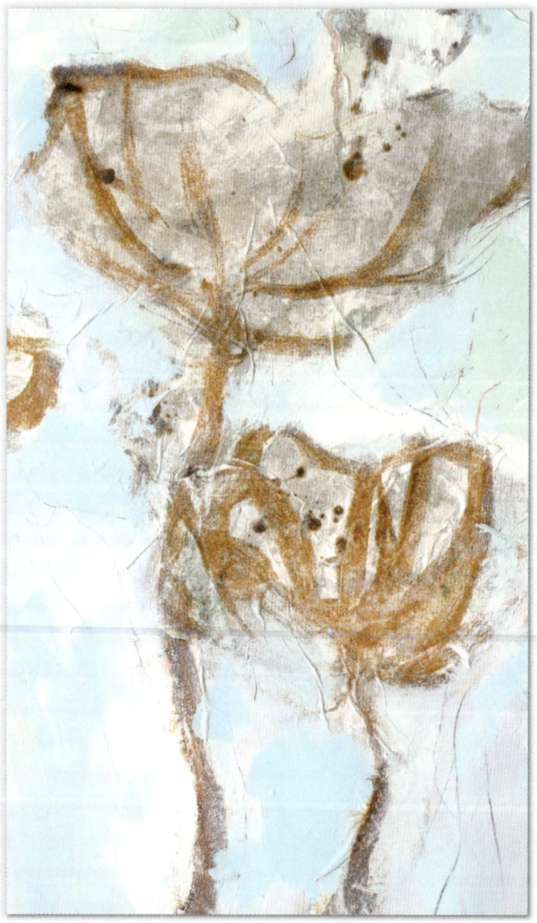

3 Jetzt wird der Hintergrund bemalt. Die Farbtöne nass in nass, aber ohne Wasser auf dem Malgrund mischen und um die Formen herum malen. Dabei mal mehr, mal weniger Farbe nehmen. Mit dem Pinselstiel Linien in die nassen Farbflächen kratzen. Damit sich die Hintergrundfläche besser mit den Formen verbindet, stellenweise mit dem trockenen Pinsel und wenig Farbe granulierend über den Rost arbeiten. Nun wieder gut trocknen lassen. Zur Vervollständigung mit einer dunkelbraunen Grafitkreide in lockerem Strich einige Konturen auf und um die rostigen Blätter zeichnen. Dadurch erhält die zurückgenommene Gestaltung dennoch Sapnnung durch den Kontrast der dicken, rostigen Linie und dem filigranen Kreidestrich.

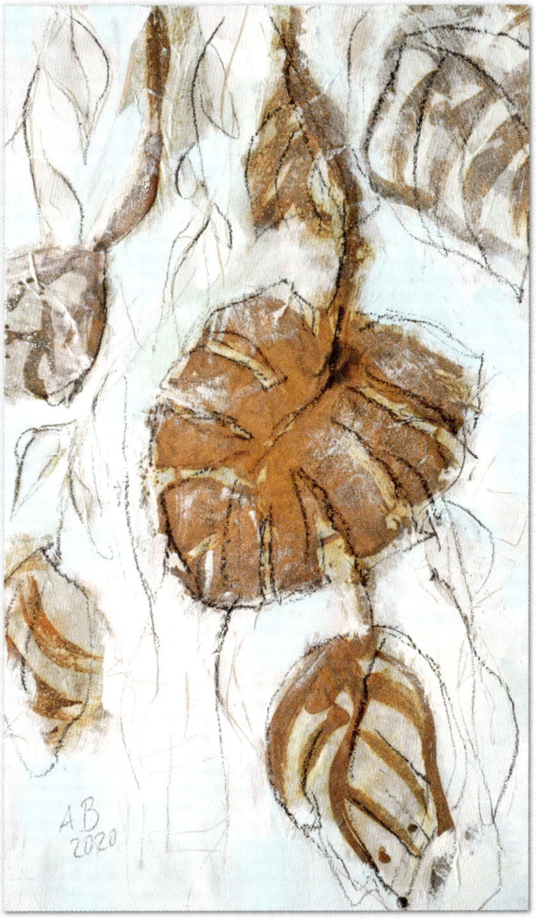

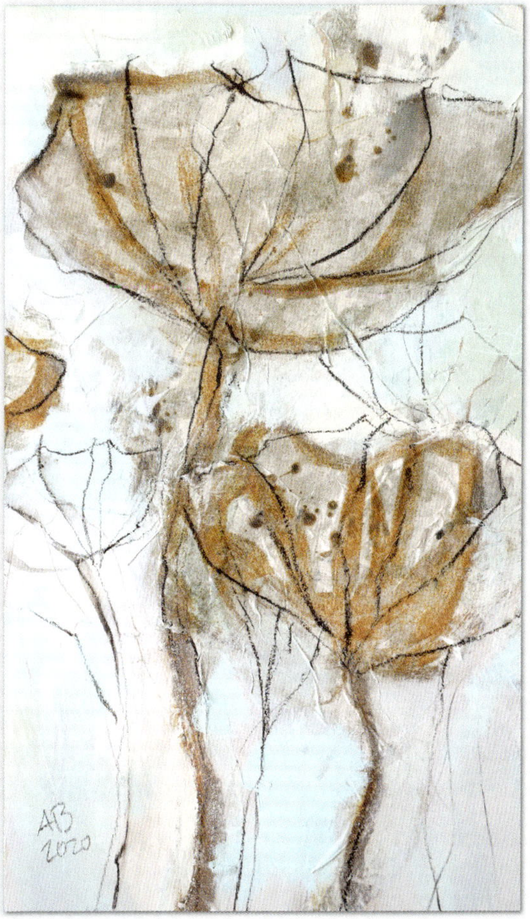

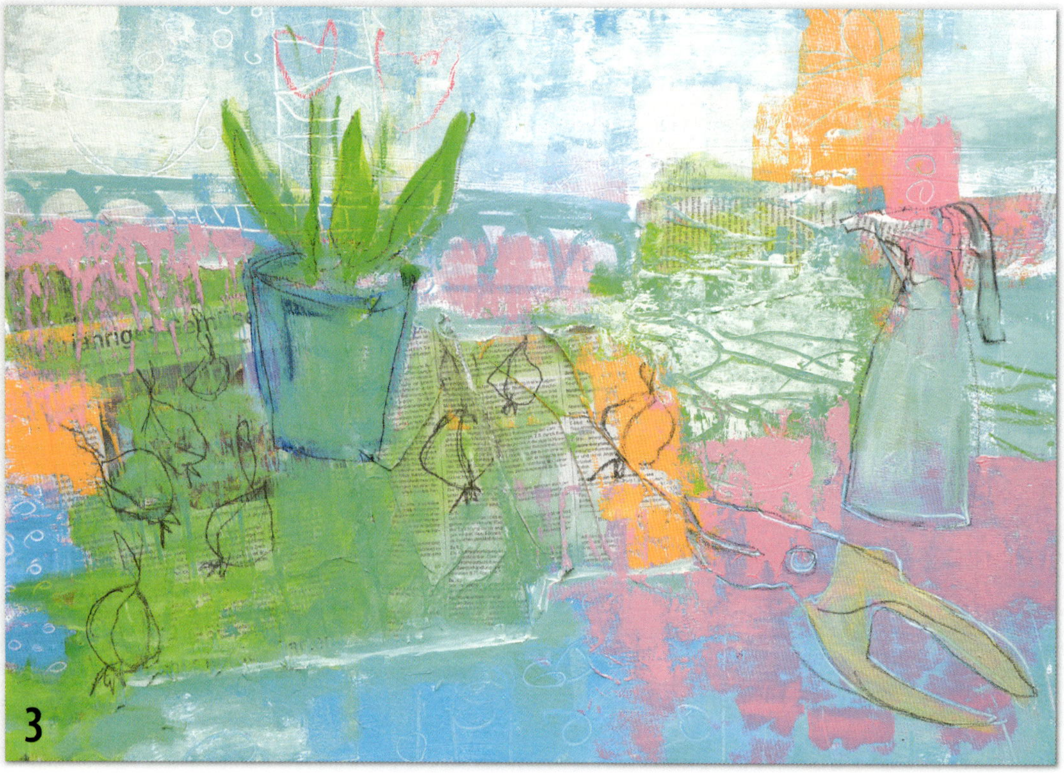

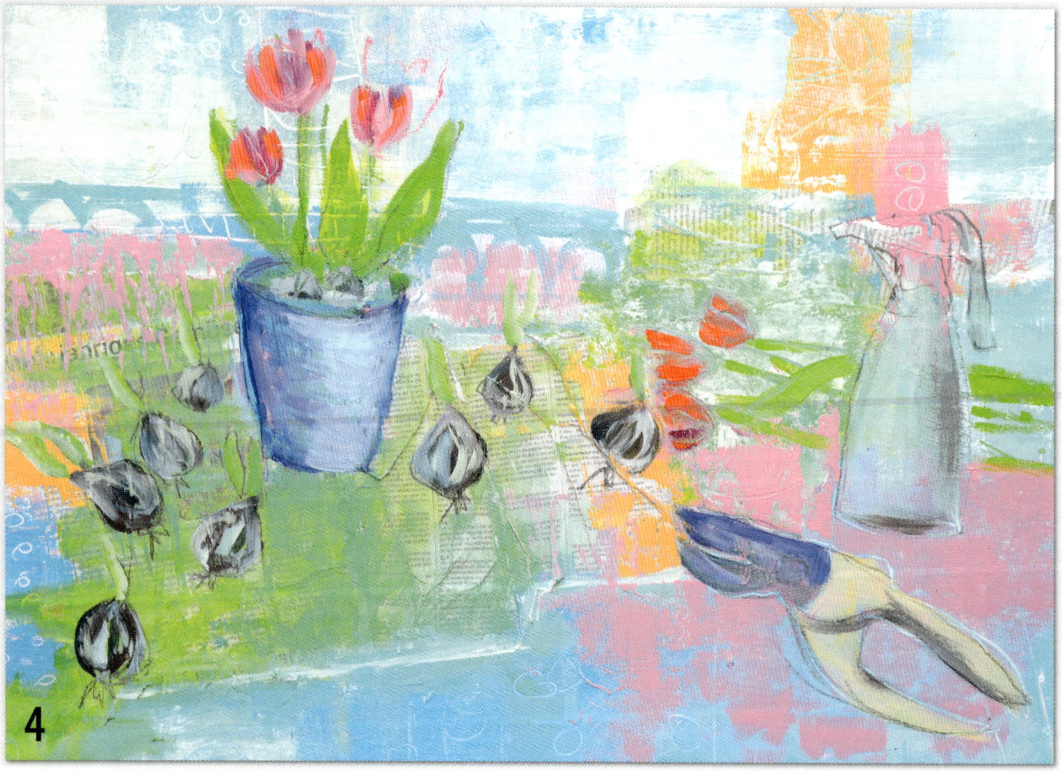

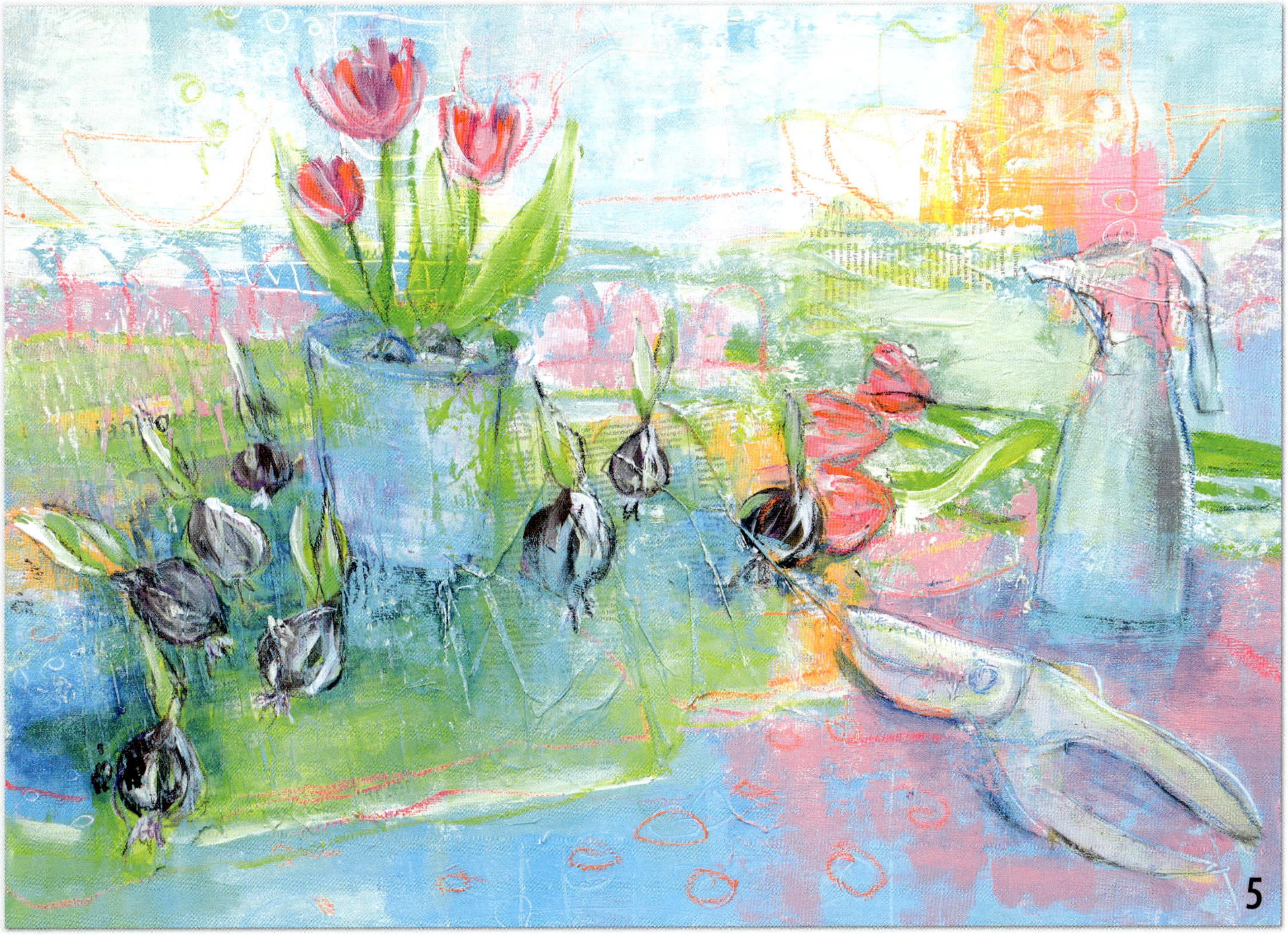

3 Anschließend detaillierter, aber dennoch „blass" weiterarbeiten. Dafür mit einem schmalen Synthetikpinsel und Acrylfarbe in Grüngelb Flächen im Untergrund, den Blumentopf, aber auch Blätter und Stängel der Tulpen malen.

4 Als Nächstes die Tulpen mit Zinnober, Chinacridonrosa und Permanentrotviolett malen. Damit sich die Rottöne nicht mit den Grüntönen vermischen, diese zuerst trocknen lassen.
Jetzt fehlen noch Kontraste bzw. Licht und Schatten im Bild. Die Tulpenzwiebeln in einem schönen tiefen und kühlen Braunton aus Umbra gebrannt und Indigo malen. Das frische Grün und die Blattsprosse aus den Tulpenzwiebeln in verschiedenen Grüntönen malen.
Bei den Zwiebeln, dem Grün, den Gefäßen und der Gartenschere Lichter in Hellgrau und Elfenbein aufsetzen. Falls der Hintergrund zu unruhig ist, kann er durch eine Lasur in Elfenbein weiter beruhigt werden.

5 Nun am linken Bildrand beginnen und zwischen den Zwiebeln Schatten in verdünntem Indigo lasieren sowie unter den Gefäßen abdunkeln. Falls die Lasur zu dicht geworden ist, kann die Schattenfläche mit der Walze und Acrylfarbe in Türkisgrün wieder etwas belebt werden.
Nun noch ein paar locker gesetzte Konturen mit dem Grafitstift und mit neonfarbener Ölkreide zeichnen. Zum Abschluss Reflexionen in Titanweiß gemischt mit Gelbgrün und Primärgelb malen, damit die Szene lebendig und licht wirkt.

Monstera dreidimensional

Collage auf Kubus

Material:

- *MDF-Würfel 10 x 10 x 10 cm*
- *Chinapapier*
- *Acrylfarbe in Preußischblau, Brillantgrün, Gelbgrün, Türkisblau, Paul-Veronese-grün, Himmelblau hell und Elfenbein*
- *Acrylbinder*
- *Woody in Mittelblau*
- *Ölkreide in Neongrün*
- *Kalligrafiepinsel und Linierer*

Eine ganz spannende Art der Gestaltung ist es, malerisch, aber dennoch dreidimensional zu arbeiten. Dabei ist es notwendig, die angrenzenden Seiten ebenfalls im Blick zu haben, um passende Übergänge zu schaffen. Ein Würfel-Diptychon ist hier eine sehr interessante Möglichkeit.
Ähnlich wie bei der Collage mit Rost auf Holzmaltafel werden zunächst einmal Papiere angelegt. Dabei kann man ganz frei arbeiten und verschiedene Möglichkeiten der Darstellung ausprobieren.

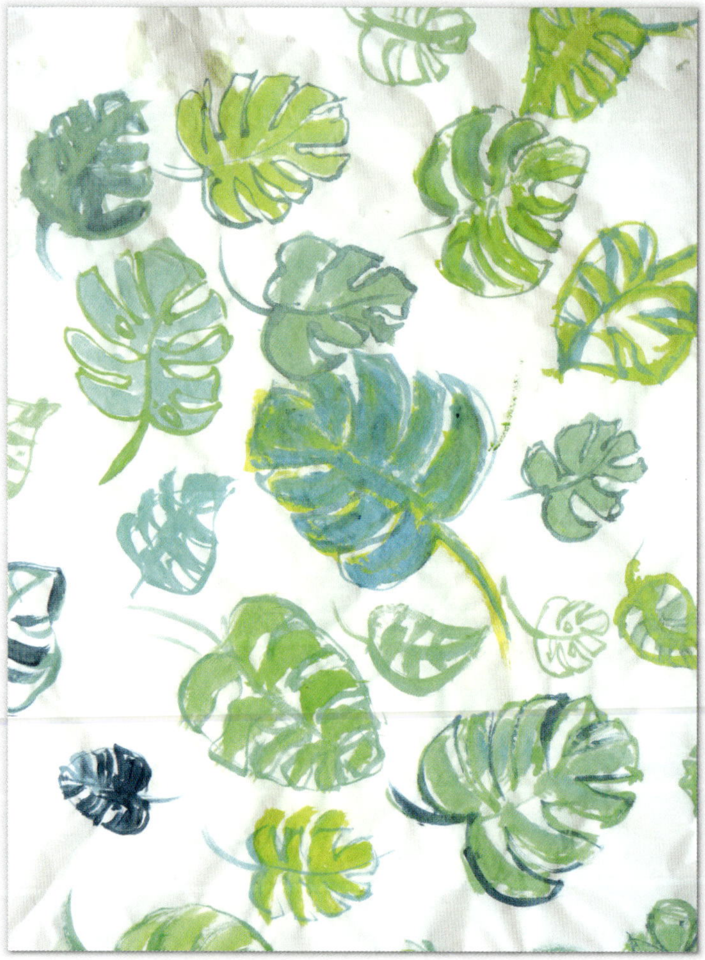

Als Vorbereitung Collagepapier mit Blattformen anlegen.

1 Zunächst Acrylfarbe in den verschiedenen Grüntönen mit etwas Wasser verdünnen. Dann mit dem Kalligrafiepinsel und dem Linierer lockere Blattformen auf das Chinapapier malen. Die Größen der Blätter variieren und sollten der Größe des Würfels angepasst sein. Zuviel Wasser lässt das Papier schnell aufweichen und reißen. Deswegen dazwischen immer trockene, nicht bemalte Flächen stehen lassen. Wer mag kann zusätzlich auch mit einem wasserfesten Buntstift Blätter zeichnen.

1a

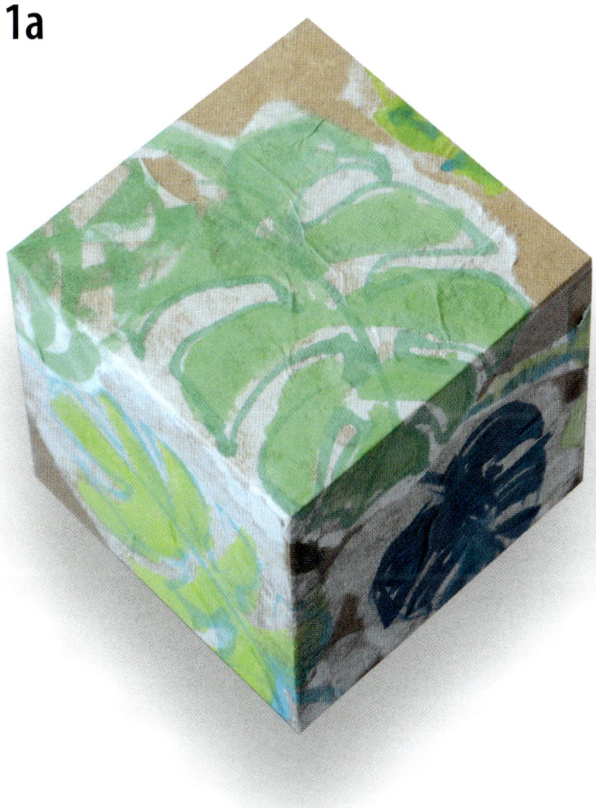

1b

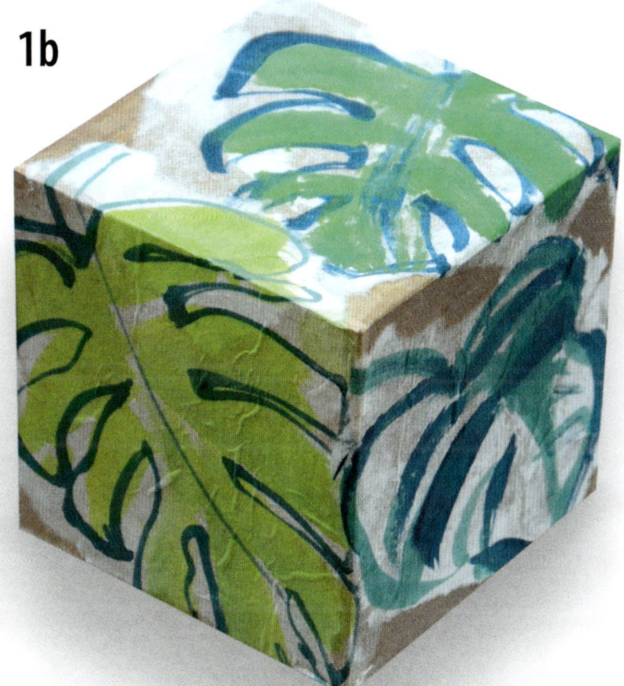

2 Nachdem die Papiere getrocknet sind, die Formen auswählen, die auf die Würfel gebracht werden sollen. Schön ist es, wenn sie von Größe und Farbgebung her unterschiedlich sind. Vorsichtig ausreißen und dabei rundum einen weißen Rand stehen lassen. So kann man die Papiere besser „einmalen“.

Dann die Papierstücke aufkleben. Dafür am besten die Würfel mit der Spitze in ein Gefäß setzen, damit über Eck gearbeitet werden kann. So ist es auch möglich, mehrere Seiten gleichzeitig im Blick zu haben. Es muss nicht die ganze Fläche des Würfels beklebt sein, der restliche Untergrund wird bemalt.

2a

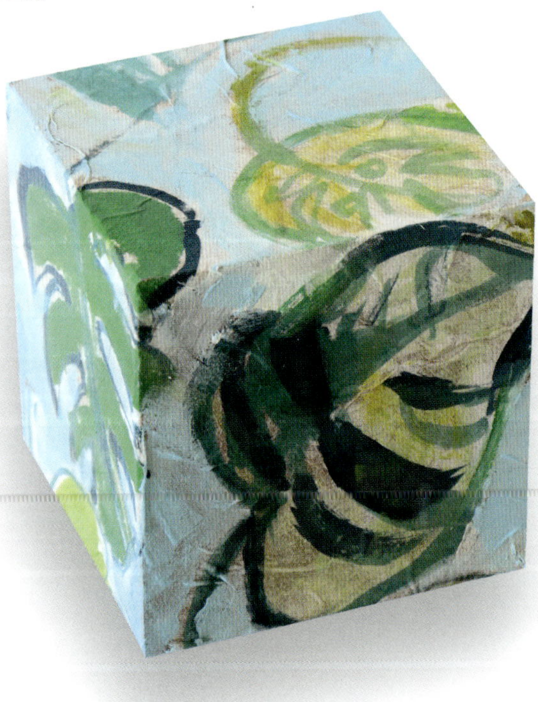

2b

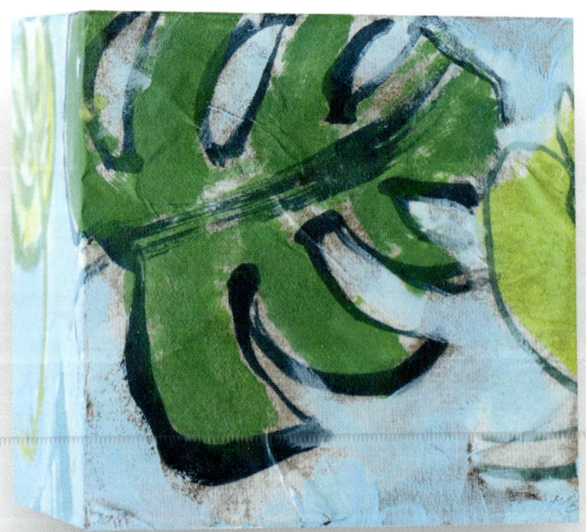

3 Mit Himmelblau hell und Elfenbein nun die Flächen zwischen den Blättern mit weichen Farbverläufen versehen. Dadurch verschwinden die gerissenen Papierkanten, weil darüber gearbeitet wird. Die Farbflächen müssen nicht exakt bis an die Blattformen gehen. Die Bemalung wirkt lockerer, wenn weniger „ordentlich" gearbeitet wird.

Zum Abschluss mit dem Woody in Mittelblau und der Ölkreide in Neongrün wenige Linien setzen. Diese Akzente tragen zu einer lockeren und freien Anmutung bei.

3a **3b**

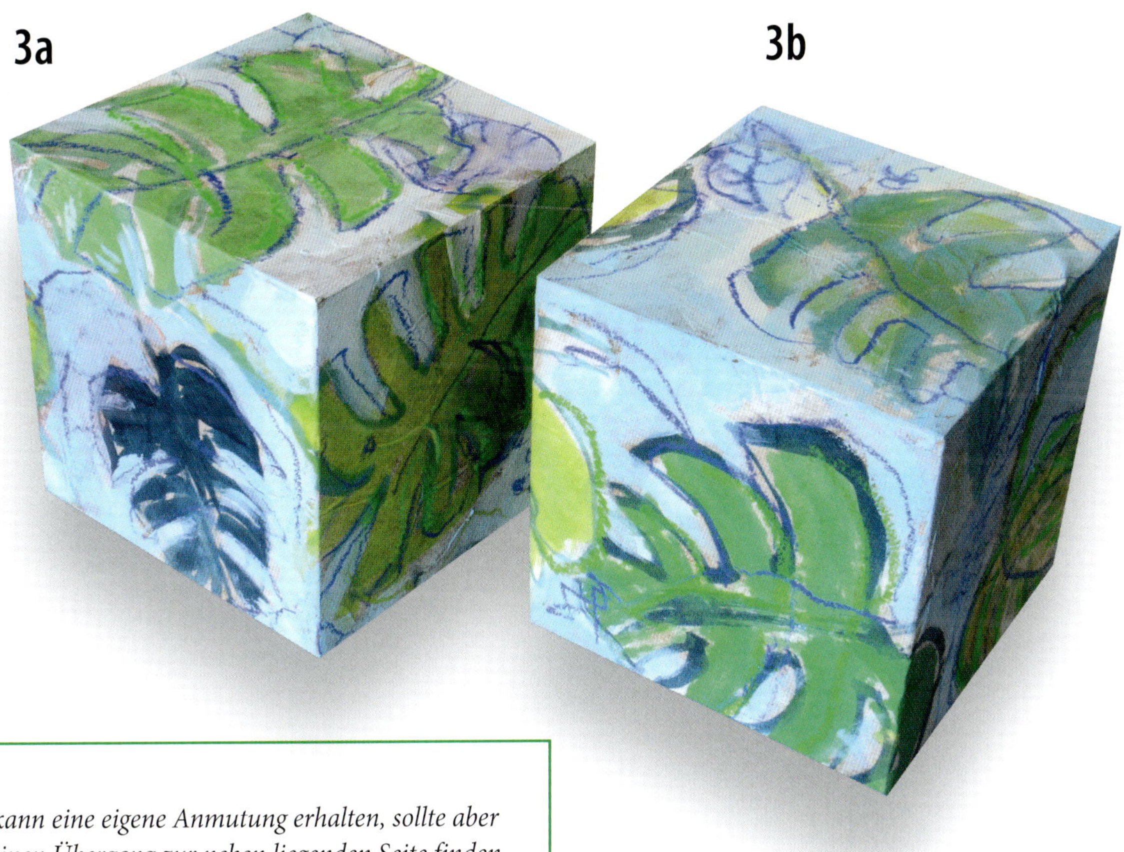

Tipp:
Jede Seite kann eine eigene Anmutung erhalten, sollte aber trotzdem einen Übergang zur neben liegenden Seite finden. Gut klappt dies, wenn man beim Bildaufbau immer drei Seiten im Blick hat.

Retro trifft Moderne

Art Deco mit Graffiti

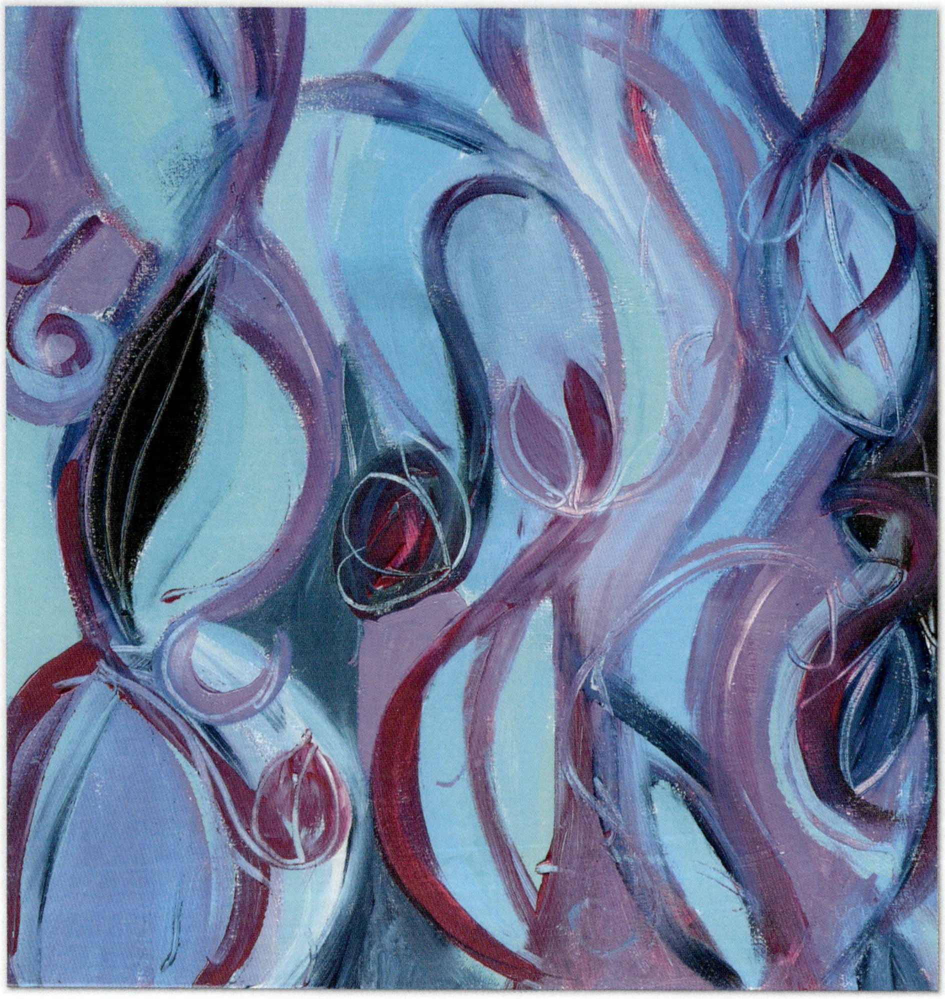

Material:

- *Leinwand 60 x 60 cm*
- *Acrylfarbe in Gold, Violett, Stahlblau, Himmelblau hell, Vandyckbraun, Indigo und Permanentrotviolett*
- *Sprühfarbe in Violett, Himmelblau hell, Saphirblau und Rubinrot*
- *Acrylbinder*
- *Goldfolie*
- *Woodys in Purpur, Weiß und Türkis*
- *Kalligrafiepinsel und Flachpinsel Größe 16*
- *Schablonen wie Lochbleche, Gitter, Gummimatten etc.*

Manchmal lohnen sich Ausflüge in für einen eher untypische Farbgebungen. Bei diesem Bild ließ ich mich durch den Art-Deco-Stil mit seiner Form- und Farbgebung inspirieren, wollte ihn aber mit Graffiti-Strukturen modern interpretieren. Es ist ein Experiment, überraschende Strukturen mit Schablonen und Graffiti-Farbe im Untergrund zu schaffen. Bei jeder Schicht stellt sich die Frage, ob die Formen exakt bleiben oder wieder aufgelöst werden. Genau dieses Auspendeln der Möglichkeiten macht bei solchen Gestaltungen den Reiz aus. Es braucht sicher einige Schichten, bis man mit dem Ergebnis zufrieden ist und die richtige Balance zwischen Auflösung der Formen, exaktem Arbeiten und eigener Handschrift gefunden hat.

1 Zunächst geschwungene, organische Formen mit dem Flachpinsel und Acrylfarbe in Himmelblau hell, Permanentrotviolett, Violett, Stahlblau und Vandyckbraun aufmalen. Die Formen können abgegrenzt und exakt sein. Nun trocknen lassen.

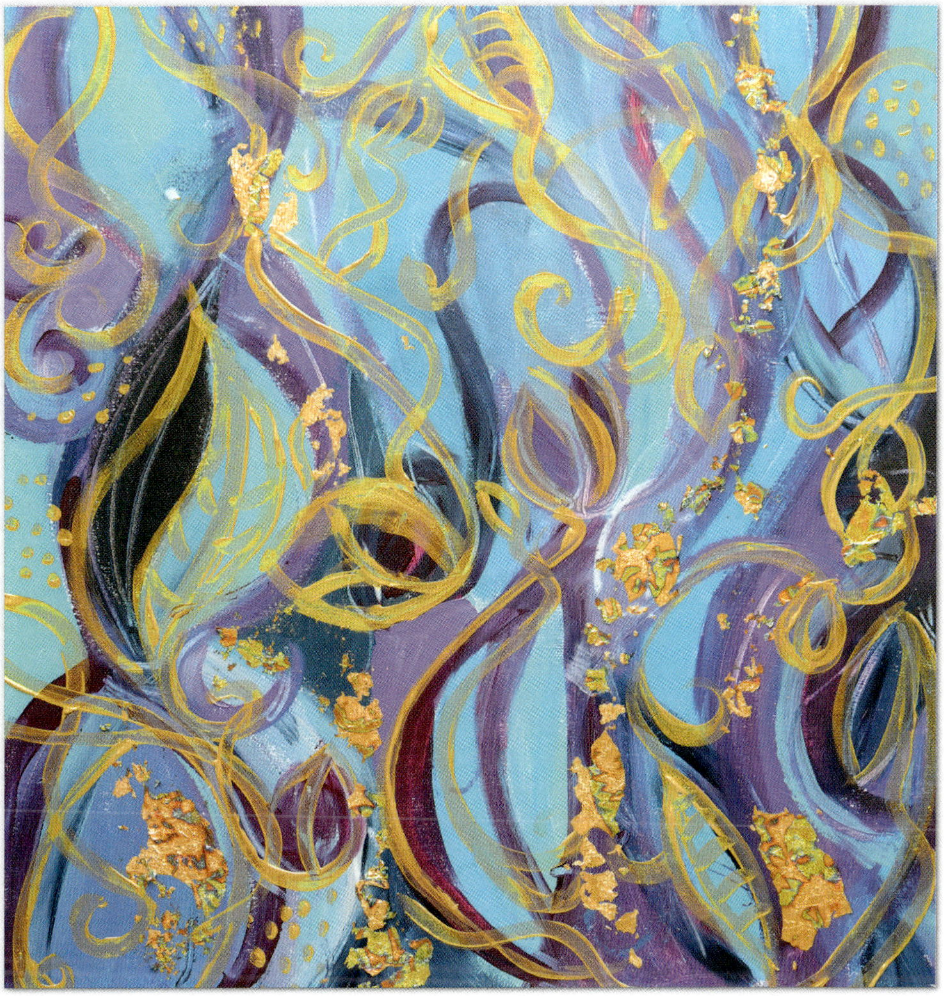

2 Mit verdünnter Acrylfarbe in Gold weitere Formen über die erste Bemalung setzen. Außerdem mit Binder an einigen Stellen die changierende Goldfolie aufkleben und gut andrücken. Die Folie ist so dünn, dass es gar nicht möglich ist, sie flächig zu kleben. Deswegen sind es nur feine goldene Spuren, die sichtbar sind. Trocknen lassen.

Es wäre möglich das Motiv nun so zu lassen. Nach längerem Betrachten war mir die Bemalung jedoch zu klar und auch zu dekorativ. Es kann passieren, dass sich eine Bildidee nach der Umsetzung in meinen Augen als nicht gelungen erweist. An jedem Punkt des Bildaufbaus ist es dann möglich, einen anderen Weg einzuschlagen, je nach dem welche Entscheidung getroffen wird. Durch den Einsatz weiterer Materialien komme ich dann häufig zu völlig anderen Ergebnissen. So ist es auch hier geschehen. Der Untergrund kann mit der Sprühfarbe im nächsten Schritt mehr oder weniger besprüht werden. Je mehr, desto weniger sieht man von den grafischen Untergrundformen aus Schritt 2.

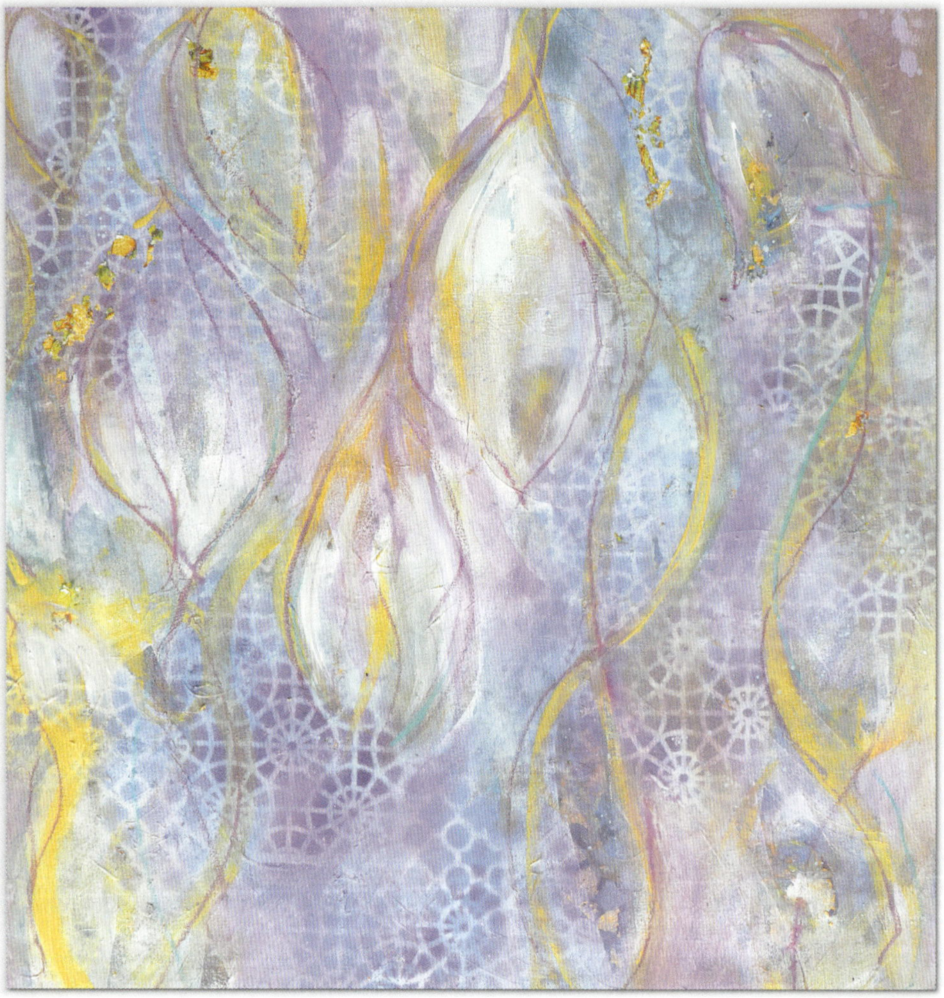

3 Um die kontrastreiche und exakte Komposition aufzulösen, den Malgrund unregelmäßig mit Sprühfarbe in Violett, Himmelblau hell, Saphirblau und Rubinrot besprühen. Dafür verschiedene Gitter, Gummimatten oder Lochbleche als Schablone verwenden und dabei Strukturen und weiche Farbübergänge schaffen. Nun mit Acrylfarbe in Violett, Stahlblau und Gold die gesprühten Strukturen zurücknehmen und mit weiteren weichen Übergängen versehen. Dazu mit verdünnter Farbe arbeiten, damit die Flächen durchscheinend bleiben.

Mit goldener Acrylfarbe und einem schmalen Borstenpinsel geschwungene, organische Formen aufmalen. Mit Acrylbinder nun noch einmal an verschiedenen Stellen die Goldfolie als Akzent aufkleben. Linien mit den Woodys in Purpur und Türkis machen die Formen prägnanter.

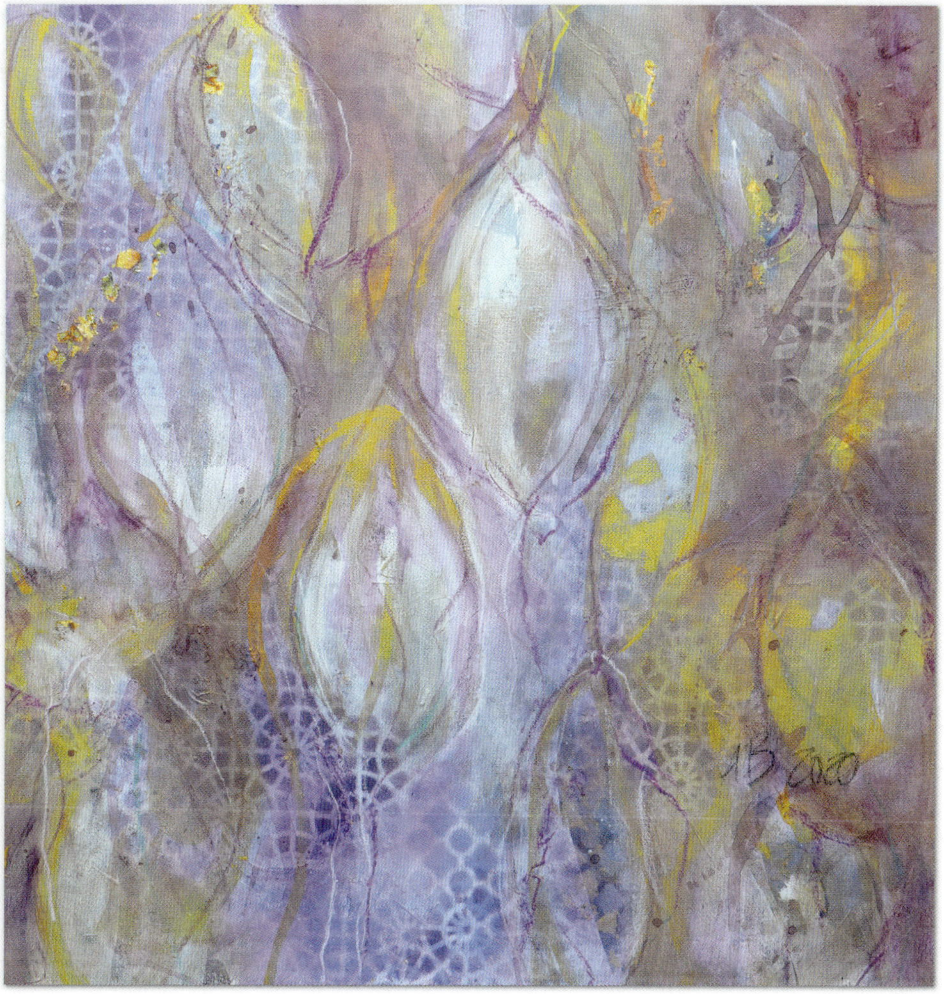

4 Zum Schluss weitere Schichten in Gold und Permanentrotviolett auflasieren. Dabei den Kalligrafiepinsel benutzen, um Linien und Spritzer entstehen zu lassen. Die Farben mit Wasser verdünnen, damit die Konturen einen „Duktus“ zeigen und mal dicker und mal dünner sind. Damit erhält das Bild mehr Leichtigkeit und die grafischen Sprüh-Strukturen werden etwas weicher. Einige wenige Striche mit dem weißen Woody vervollständigen das Motiv.

Florale Abstraktion

Dynamisch und malerisch

Material:

- *Leinwand 80 x 80 cm*
- *Acrylfarbe in Titanweiß, Elfenbein, Kieselgrau, Hellgrau, Neonmagenta, Neonrot, Neonorange, Hellrosa, Goldgelb, Türkis, Gelbgrün und Anthrazit*
- *Dicker wasservermalbarer XL-Grafit-Stift*
- *Borstenpinsel 4" und Pinsel mit Spitze*

Diese malerisch-florale Abstraktion habe ich begonnen, ohne zu wissen, wohin es mich führen würde. Die kühlen und wärmeren, hellen gebrochenen Töne der ersten Schicht sind für mich sehr untypisch, und so stand das Bild lange Zeit unfertig im Atelier. Nach einiger Zeit hatte ich (wie so oft) den Impuls, mit intensiver Farbe zu arbeiten. Mit einigen freien Pinselstrichen und Linienelementen ist so eine Komposition entstanden, die alleine durch die Farbgebung und Pinselführung eine Konzentration und Blickführung zeigt. Sie bleibt dabei leicht, malerisch und dennoch ausdrucksstark.

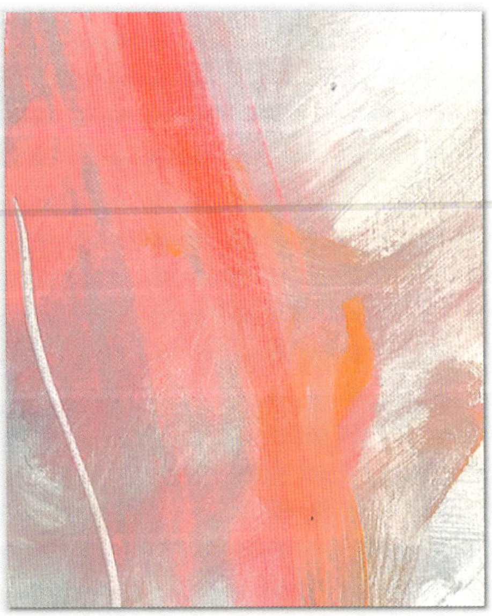

Ausschnitt 1

Durch Verziehen der Farbtöne auf dem Untergrund ergeben sich weitere Farbqualitäten der Mischtöne, je nachdem, welche Farbe bei der Mischung überwiegt. Deswegen ist es reizvoll, die Farben nicht auf der Palette, sondern nass in nass auf der Leinwand zu mischen. Der Duktus des Pinselstrichs ist beim Verziehen schwungvoll, damit die Flächen dynamisch wirken.

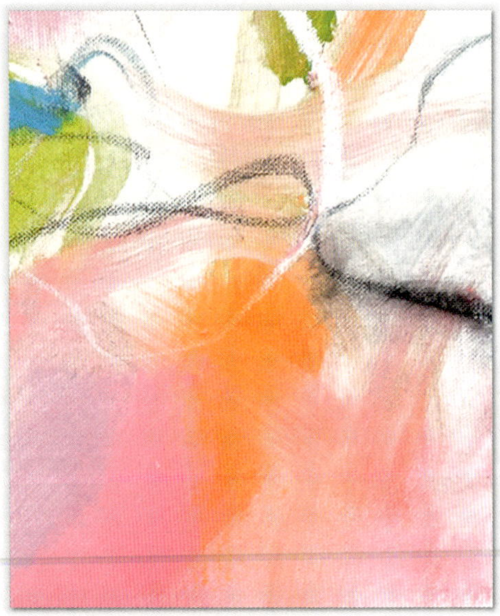

Ausschnitt 2

Laufspuren beleben den Untergrund, können jedoch, wenn es zu viele sind, unruhig wirken. Hier sind durch die Laufspuren zufälligerweise florale Formen entstanden. Überflüssige Strukturen können durch weitere Farbflächen in den nächsten Schichten beruhigt werden.

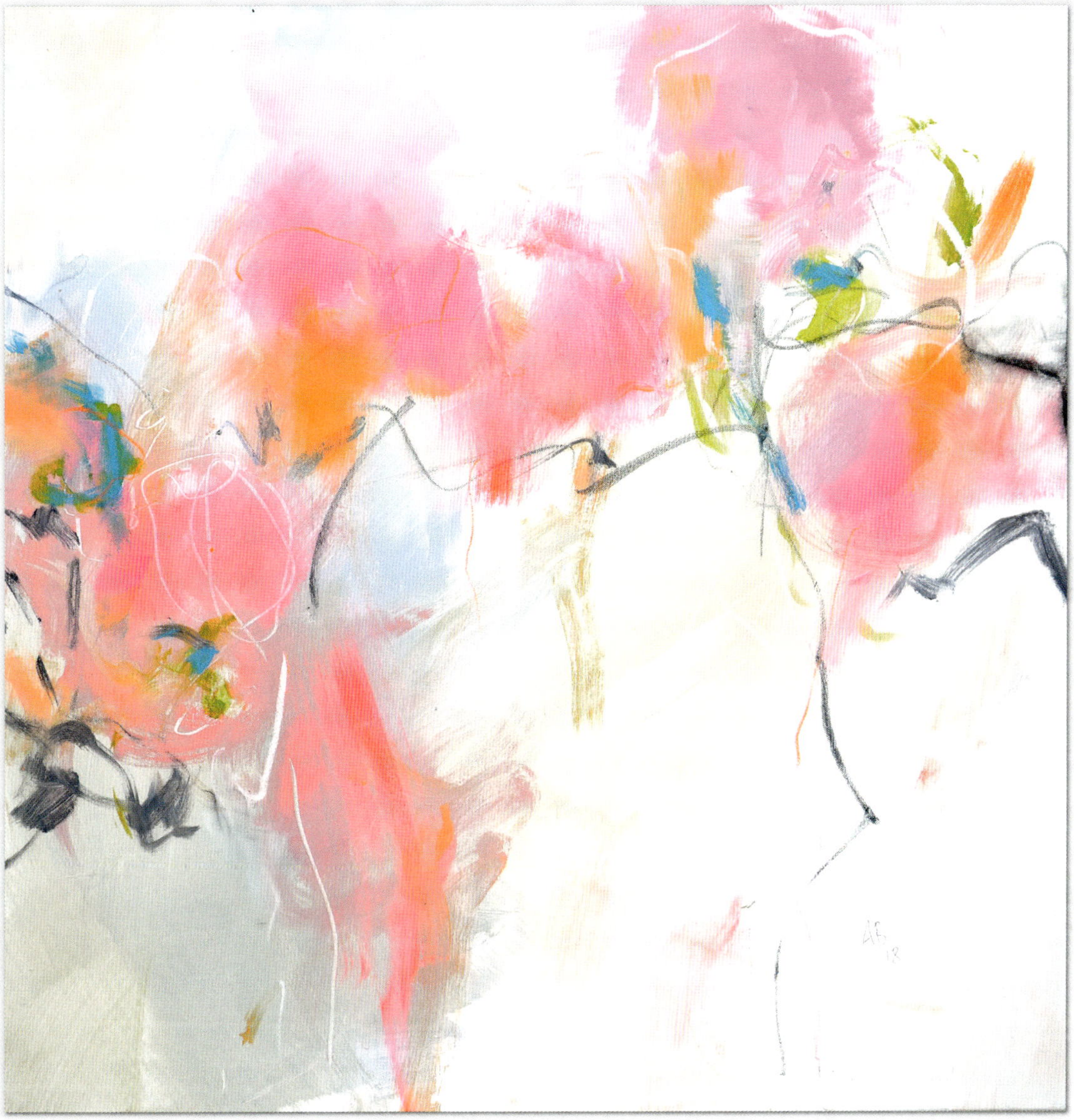

So geht es

Mit lockerem, breitem Pinselstrich die Farben Elfenbein, Titanweiß, Hellgrau und Kieselgrau satt verziehen, um so die ersten Mischtöne zu erhalten. Nicht die ganze Leinwandfläche bedecken, sondern helle Stellen stehen lassen. Darauf leuchtet das nicht deckende Orange gut. In die dicke, noch nasse Farbe Kratzlinien ziehen.
Nun den Untergrund trocknen lassen.

Anschließend in einem dynamischen Schwung die farbintensiven Töne aufmalen. Neonmagenta, Neonrot, Neonorange und Hellrosa in lockeren Formen im oberen Teil der Leinwand miteinander verziehen. Dabei darauf achten, diese Töne eher auf die sehr hellen Stellen des Untergrundes zu setzen, damit die Farben rein bleiben. Die Konturen sind weich, ohne ganz die Form zu verlieren. Nun wieder trocknen lassen.

Jetzt einige Kontraste dazugeben: Dunkle Pinselspuren und Linien mit dem dicken Grafitstift geben Spannung und fügen die rosa-orangen Formen noch mehr zusammen. Wenige kleine Akzente in Türkis und Hellgrün ergeben weitere Blickpunkte und runden die Gestaltung ab.

Dschungel in Blau

Konturen in satter Farbe

Material:

- *Leinwand 50 x 60 cm*
- *Acrylfarbe in Stahlblau, Indigo, Arktis, Ultramarinviolett, Ultramarinblau, Türkisblau, Lavendel, Himmelblau hell, Gelbgrün, Venezianischrosa und Orange*
- *Woodys in Weiß, Dunkelgrün, Violett und Orange*
- *Breite Borstenpinsel 3" und 4", Haarpinsel mit Spitze*

Die Kratzzeichnung in dicke und noch nasse Acrylfarbfläche gezogen ist eine tolle, spielerische Möglichkeit, das Bild zu gliedern und erste Konturen anzulegen. Falls die Formen nicht auf Anhieb gelingen, kann die Fläche mit dem Pinsel wieder glattgezogen werden.
Ich arbeite sehr häufig mit Kratzspuren im Bild und besonders im Untergrund, auch wenn diese eventuell in der nächsten Schicht wieder übermalt werden. Bei dieser Arbeit jedoch stehen die hellen Kratz-Konturen im Vordergrund und kontrastieren zu den eher kühleren blauen Mischtönen.

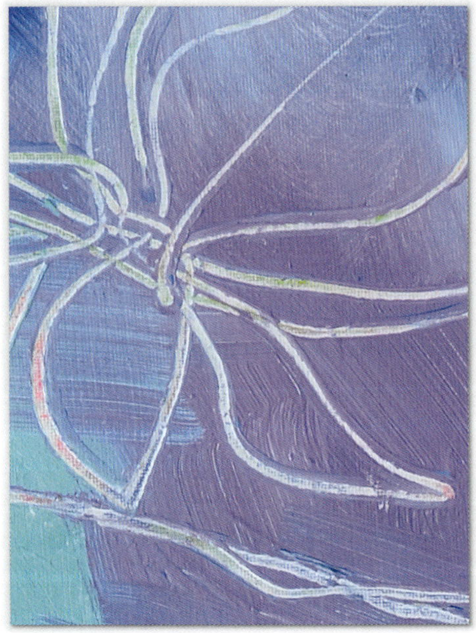

Ausschnitt

Durch das Kratzen in die noch nicht getrocknete Farbschicht wird die vorherige Farbe des Untergrundes sichtbar. Hier blitzt das Magenta der Untermalung hindurch. Dazu muss aber wirklich schnell gearbeitet werden, bevor die Farbe abbindet und sich auf dem Untergrund verankert. Bei sehr heißem Wetter am besten den Pinsel etwas anfeuchten, damit die Farbe langsamer trocknet.

1 Die erste Farbfläche im Untergrund malerisch mit verschiedenen hellen und dunklen Farbtönen verziehen. Dafür Stahlblau, Indigo, Arktis, Ultramarinviolett und Ultramarinblau weich und nass in nass verziehen.
Sofort, solange die Farbe noch feucht ist, die verschiedenen Blattformen über das ganze Bild hinweg mit dem Pinselstiel hineinkratzen. Die Linien erscheinen als helle Konturen. Die entstandenen Formen können sich überlagern. Dabei auf das Klein-Groß und auf verschiedene Richtungen der Anordnung achten.

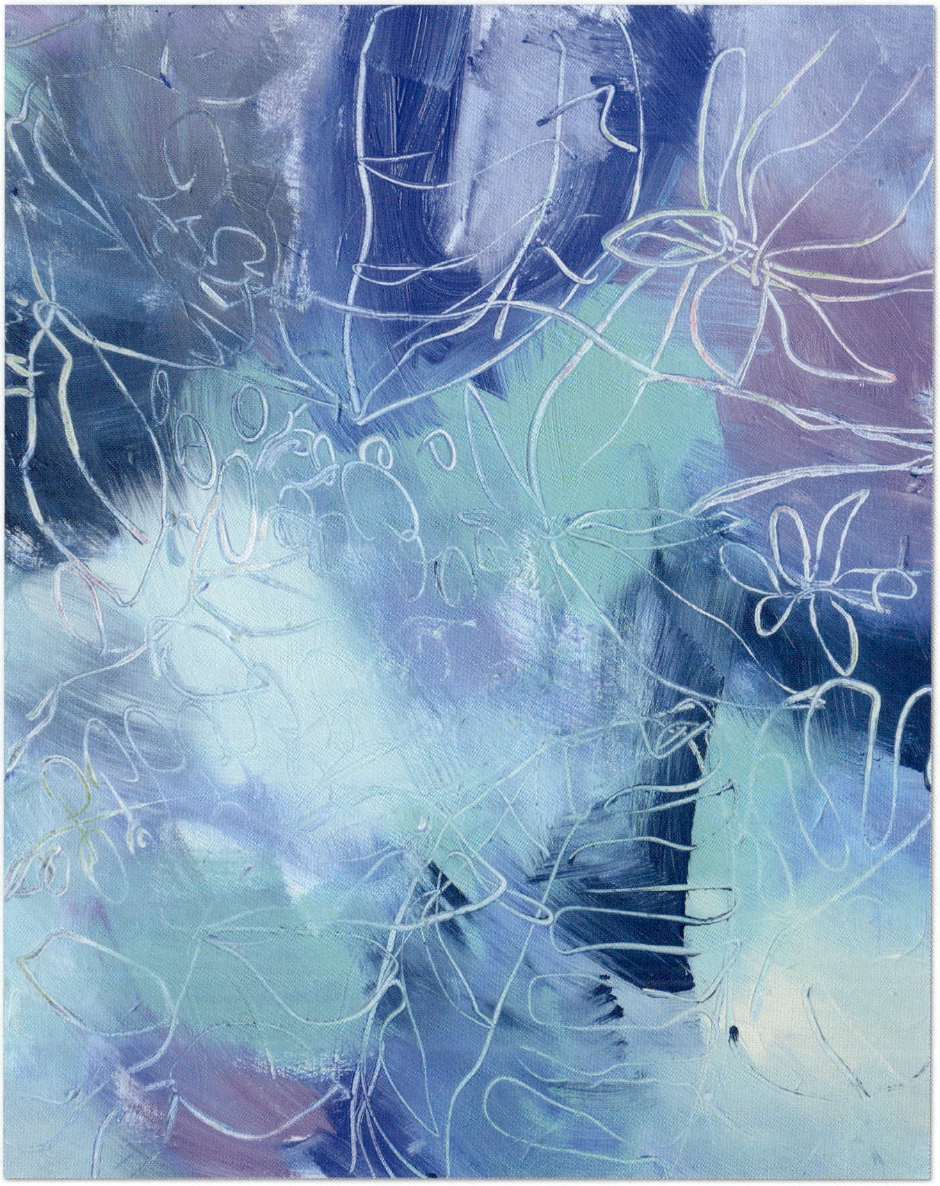

Tipp:
Die hellen, Pastellttöne treten stark in die Tiefe, obwohl das Bild bisher nur aus zwei Schichten besteht. Plakativer würde es wirken, wenn die Farben kräftiger oder sogar wärmer wären.

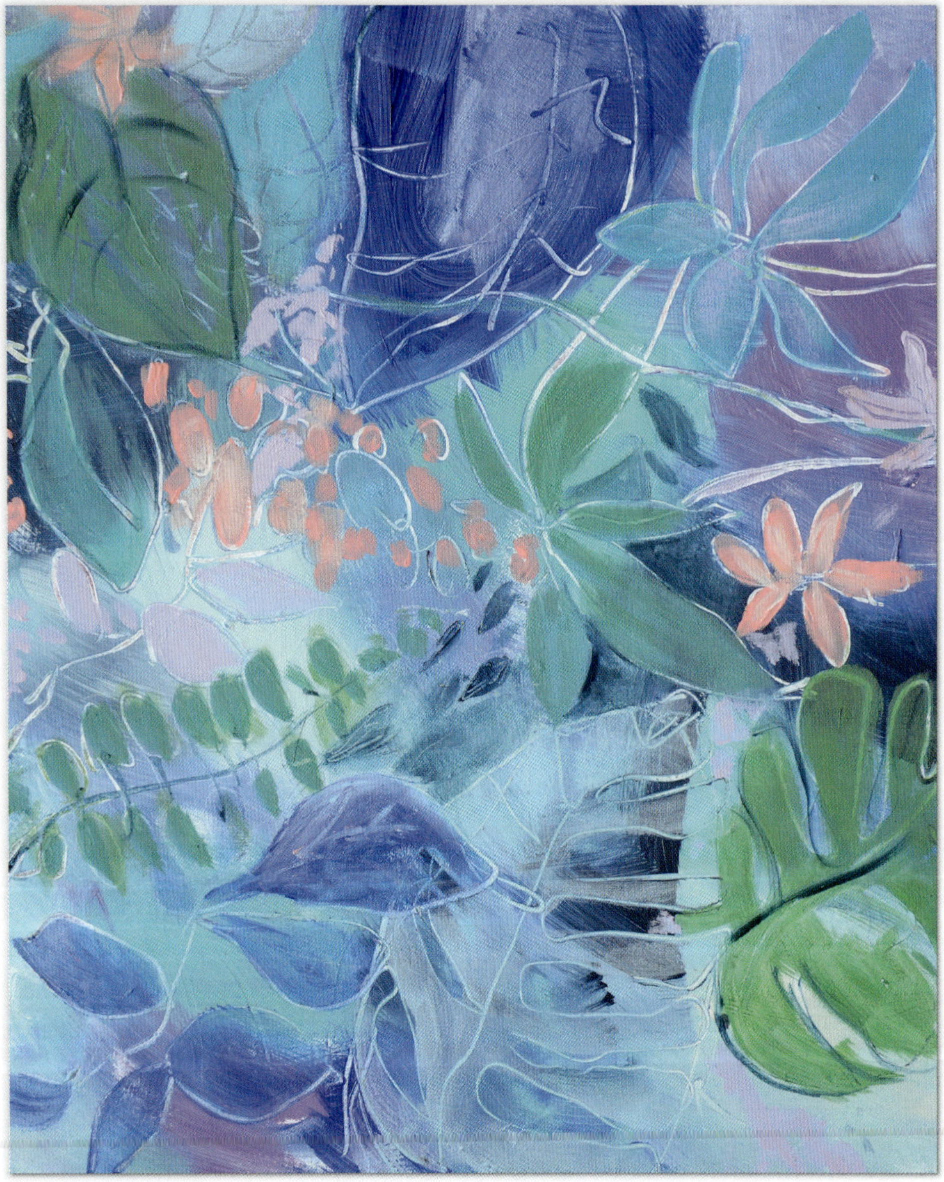

2 Der Hintergrund ist nun noch sehr dominant im Gegensatz zu den Blattformen, die ja bislang nur als Kontur in Erscheinung treten. Deswegen in der nächsten Schicht die Blätter und Zweige ein wenig mehr ausarbeiten. Mal durch verdünnte Farbschichten, die den Hintergrund durch die Transparenzen etwas zurücknehmen, und mal mit etwas dickeren Schichten in den Blättern, die mehr abdecken. Dafür Türkisblau, Ultramarin, Lavendel, Himmelblau hell sowohl in die Blattformen als auch in den Hintergrund malen. Dabei sollte sich die Farbe des Blattes an der jeweiligen Stelle von der Farbe des Umraums unterscheiden, damit es sich als Fläche farblich abhebt.
Gleichzeitig können weitere malerische Akzente durch neue Formen platziert werden. Hier sind es Blüten in Venezianischrosa mit Orange gemischt, die nun den Blick anziehen, weil es der wärmste Farbton ist und bislang nicht im Bild vorkommt.

3 Durch die Bemalung wurden die weißen Konturen zum Teil überdeckt. Um diese wieder herauszuarbeiten, mit einem weißen Woody stellenweise neue Konturen zeichnen. Locker gezeichnete, kleine Akzente in Dunkelgrün, Violett und Orange bringen noch ein paar farbige Details ins Bild.

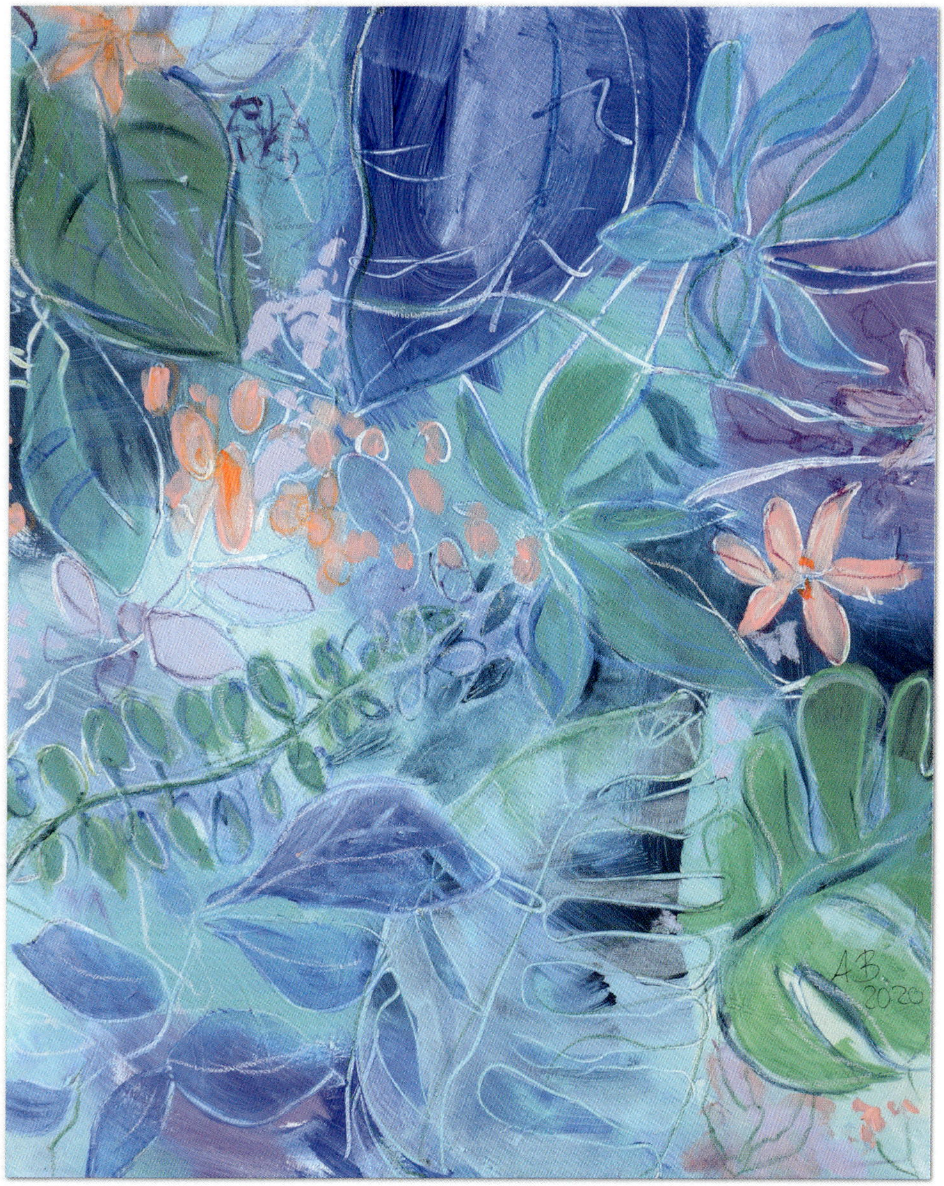

Tipp:
Natürlich könnten die rosa Blüten auch anders im Bild platziert werden. Es sollte einem allerdings bewusst sein, das diese Blüten den Blick anziehen und führen, weil sie farblich dominanter sind als die Blau-Grüntöne.

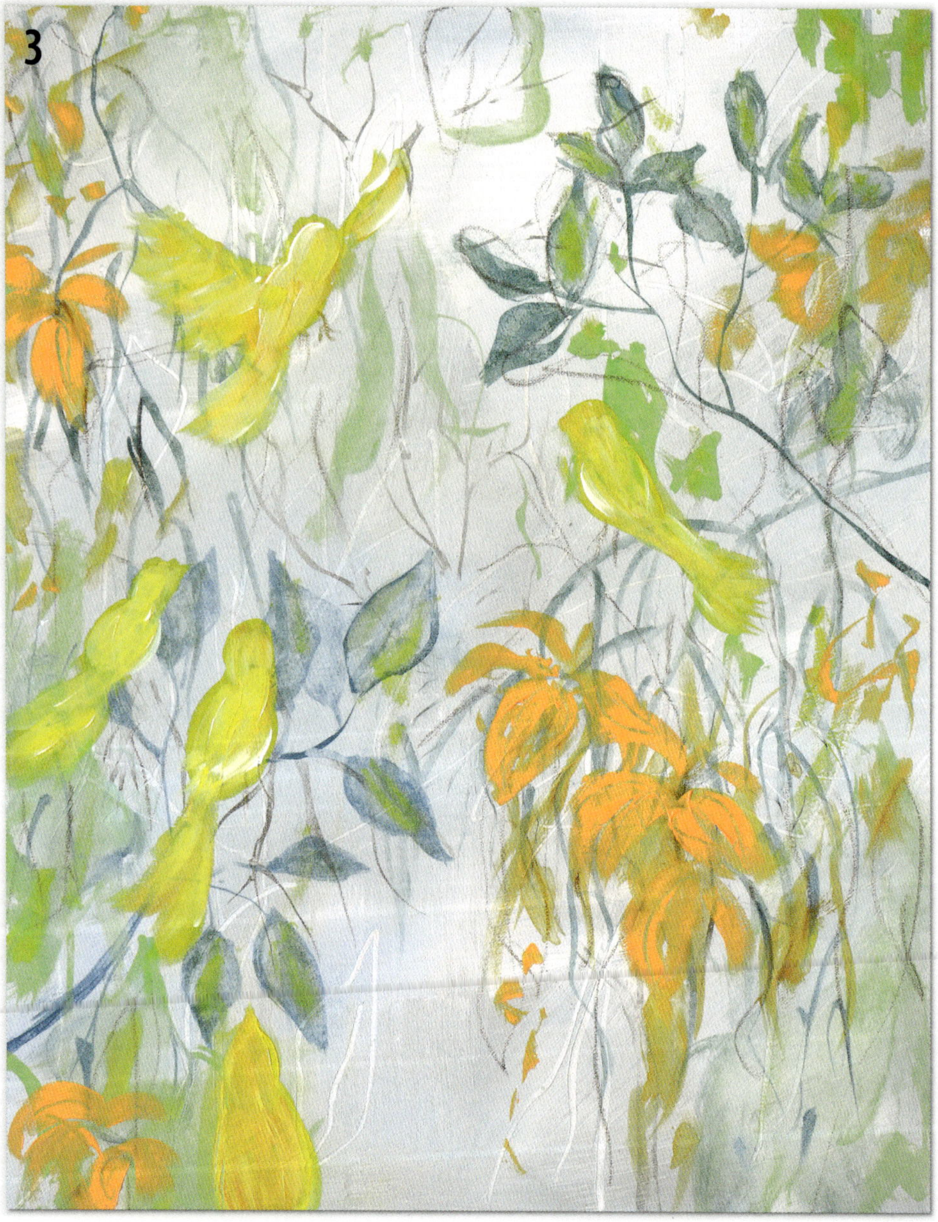

3 Jetzt kommen die Kanarienvögel hinzu. Erst mit einem flachen Synthetikpinsel grobe Formen in einer Mischung aus Primärgelb, Weiß und Gelber Ocker malen. In der nächsten Schicht die Vögel mit heller gemischten Tönen etwas detaillierter ausarbeiten.
Es kommen Blüten in Goldgelb, ebenfalls mit dem Flachpinsel gemalt, dazu.

4 Die Vögel nun noch stellenweise nicht zu exakt mit Linien umranden. Dafür Woodys in Braun, Schwarz, Purpur und Orange verwenden.
Ein paar Spritzer und kleine Blüten mit verdünnter weißer Farbe lockern zusätzlich auf und bringen noch mehr Leichtigkeit ins Bild. Zum Abschluss erhalten die Blüten zusätzlich Lichter in oranger und weißer Acrylfarbe und die Vögel weiße und primärgelbe Aufhellungen.

4

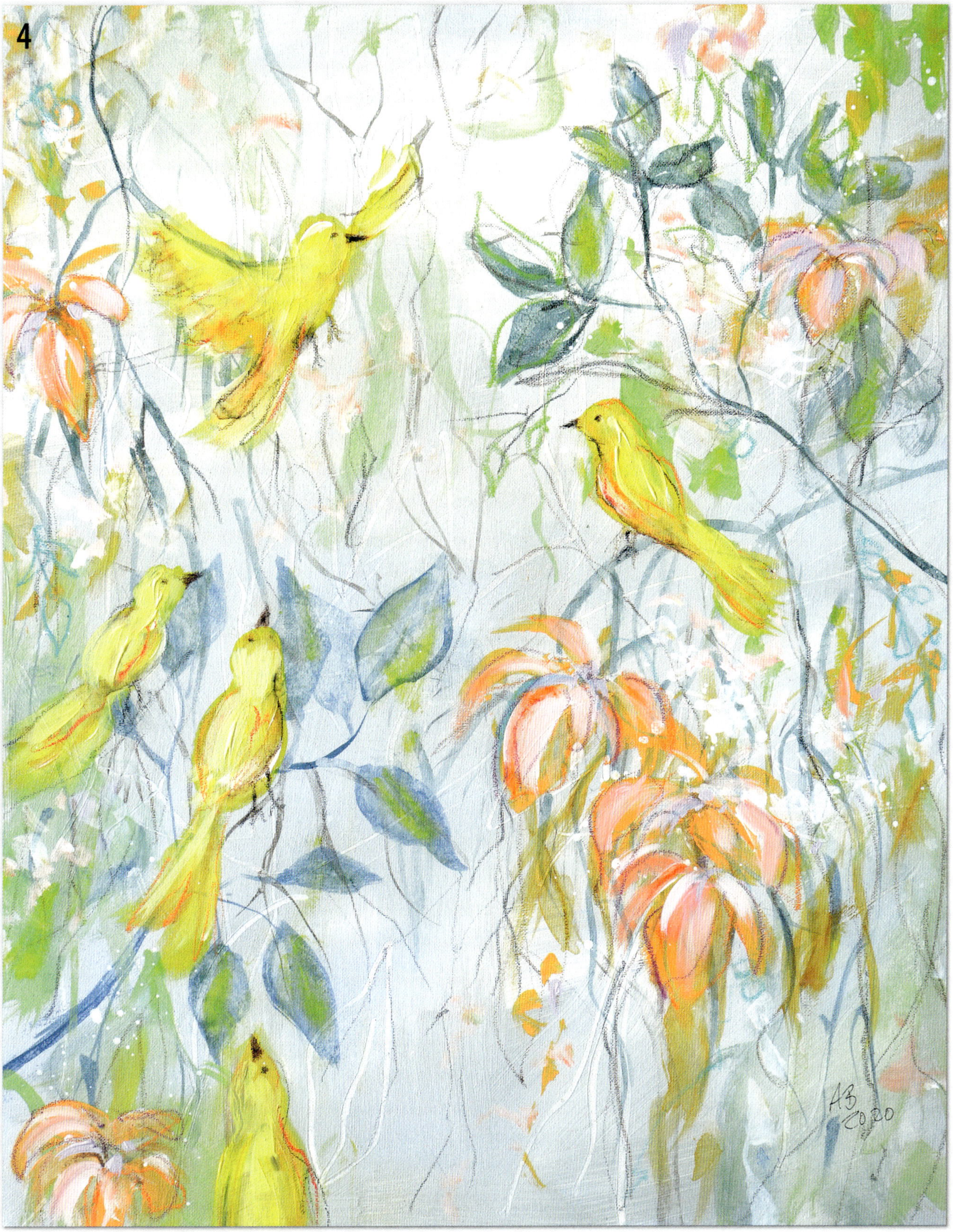

Tropisches Blattwerk

Fläche und Konturen

Material:

- *Leinwand 90 x 60 cm*
- *Acrylfarbe in Paul-Veronesegrün, Titanweiß, Primärcyan, Himmelblau hell, Farn, Gelbgrün, Olivgrün, Ocker und Titanweiß*
- *Ölkreide in Violett und Blau*
- *Woody in Schwarz und Türkis*
- *Breiter Borstenpinsel 2“*
- *Sprühflasche mit Wasser*

Dieses Bild ist ähnlich wie die „Florale Abstraktion“ auf Seite 80 aus einer spontanen Outdoor-Malaktion entstanden, aber mit ganz anderem Ergebnis. Auch hier wurde ein älteres Bild neu überarbeitet und flüssig verdünnte Acrylfarbe erst einmal fließen lassen. Weitere Verläufe und Strukturen sind durch Ansprühen mit der Sprühflasche dazugekommen. Die großen Blattformen entstanden deswegen fast von alleine, denn durch die Farbgebung und die organischen Formen lag die Assoziation zu Blättern nahe. Anschließend wurde das Bild nur noch mit Konturen und dünnen Farblasuren etwas weiter ausgearbeitet.

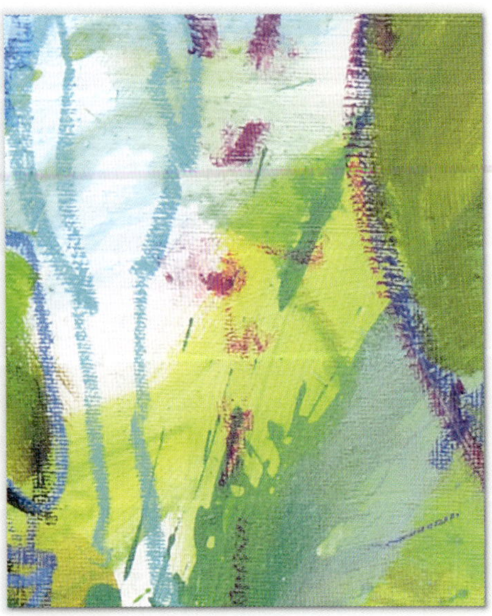

Ausschnitt 1

Kritzelspuren mit der violetten Ölkreiden bringen Leichtigkeit und einen neuen Farbakzent in die Komposition, der schon fast komplementär zu den sehr hellen, gelblichen Grüntönen ist.

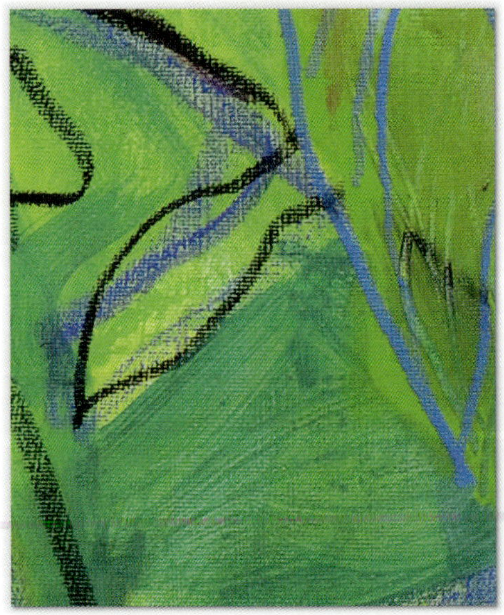

Ausschnitt 2

Besonders bei Formen, die mit Linien konturiert werden, sollte sehr locker gezeichnet und nicht zu exakt gearbeitet werden, damit die Wirkung nicht zu steif wird. Dabei können auch mehrere Linienfarben übereinander bzw. nebeneinander liegen.

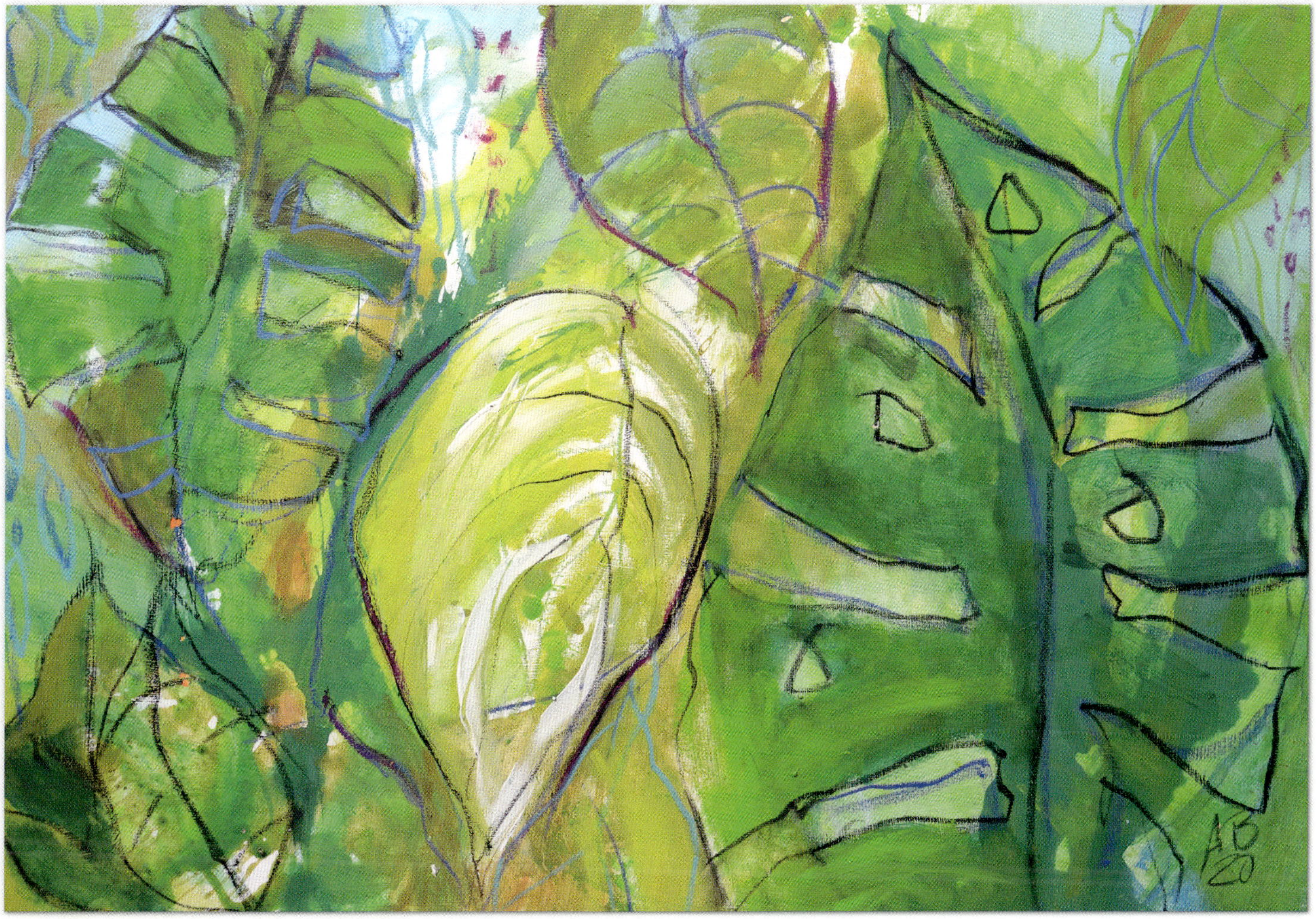

So geht es

Zuerst den Untergrund vorbereiten. Er sollte ohne Strukturen sein, damit später Linien möglich sind. Dann entweder Reste Farbtuben mit Wasser auffüllen oder Farbe in einem Behälter verdünnen und über die Leinwand gießen, hier Paul-Veronesegrün, Olivgrün, Gelbgrün, Himmelblau hell, Ocker und Farn. Dies sind Farben eines Klangs, die sich gut mischen lassen und vielfältige Grüntöne ergeben.

Im besten Falle haben sich durch die Laufspuren organische Formen gebildet. Das gelingt am besten, wenn nicht zu viel Wasser darauf gesprüht wird. Wenn nicht, kann nach dem Trocknen nachgeholfen werden. Dazu mit dem Pinsel und den Farbtönen des Untergrundes Formen vervollständigen, neue aufmalen oder bestehende vergrößern, damit die Komposition stimmig ist. Dabei nicht zu genau arbeiten, sonst verliert das Motiv die lockere Anmutung. Bei zu dunkel oder trüb geratenen Blättern durch Pinselschwünge in Titanweiß oder einem hellen, deckenden Grün wie Farn wieder Helligkeiten aufmalen.
Zum Schluss die Blätter mit einer groben Kontur mit Ölkreide und Woody in den Fokus setzen. Fertig ist eine mit Leichtigkeit entstandene expressive Gestaltung.

Blattformen in Pastell 1

Sprühen und Zeichnen

Material:

- *3 Leinwände mit Naturleinen, 30 x 30 cm*
- *3 Leinwände, 40 x 40 cm*
- *1 Leinwand, 50 x 50 cm*
- *Acrylfarben in Primärcyan, Primärgelb, Primärmagenta, Schwarz und Titanweiß*
- *Airbrush-Farbe in Weiß*
- *Sprühfarbe in Signalweiß, Steingrau hell, Rubinrot, Schweinchenrosa, Türkisgrün, Cliffgrün, Kiwi, Schmetterlingsgrün und Löwenzahn*
- *Woodys in Schwarz und Weiß*
- *Breiter Borstenpinsel 3" und Linierer*
- *Verschiedene Blätter aus dem Garten zum Schablonieren*
- *Buchstabenschablonen*

So geht es

Die Untergründe der **weißen Leinwände** (1 x 50 x 50 cm und 3 x 40 x 40 cm) mit stark aufgehellten Farbmischungen von Titanweiß, ganz wenig Schwarz zum Eintrüben und den Primärfarben bemalt.

Mit diesen Farben können alle Töne des Farbkreises gemischt werden und so entstehen hier Hellrosa, Lachs, Hellgrau, Ocker und Sand.

Auf die Leinwände nun den Größen angepasst die Blätter legen – große Blätter auf die größeren Leinwände, kleine Blätter auf die kleinen.

Nun mit den Sprühfarben weiche Übergänge auf die Leinwand und über die Blätter sprühen, dabei die Blätter als Schablone verwenden. Farben wählen, die sich vom Untergrund abheben, damit die schönen Blattformen gut sichtbar werden.

Der Vorgang kann mit versetzt aufgelegten Blättern und verschiedenen Farben wiederholt werden, aber möglichst ohne den kompletten ersten Farbauftrag abzudecken. Die Flächen mit etwas mehr Abstand zur Leinwand weich vernebeln, damit Farbverläufe entstehen.

Eventuell nun auch Wörter mit den Buchstabenschablonen sprühen, siehe „pilea", auch als Ufopflanze bekannt.

Da die gewählten Sprühfarben wenig Tonwertkontraste zeigen, jetzt mit den Woodys in Schwarz und Weiß Blattformen auf die Leinwände zeichnen. Dabei umspielen die Linien locker die gesprühte Form oder setzen zusätzliche Akzente.

Zum Schluss die schwarze Kontur mit dem Kalligrafiepinsel und etwas Wasser stellenweise anlösen. Dort wird die Linie tiefschwarz und sorgt für die nötige Spannung in den Bildern.

Bei diesem Arrangement aus verschiedenen Leinwänden stehen die unterschiedlichsten Blattformen im Fokus. Dafür wurden auch Blätter aus dem heimischen Garten und der Fensterbank zum Schablonieren mit Sprühfarbe verwendet.
Um das Vorgehen deutlicher zeigen zu können, sind hier alle Bilder in derselben Größe abgebildet. Die tatsächlichen Größenverhältnisse sind im Arrangement auf Seite 116 / 117 zu sehen.
Diese grafischen Arbeiten wirken zwar jede für sich, aber erst die Vielfalt in der Kombination macht den Reiz aus. Auch in Bezug auf die Präsentation der Arbeiten an der Wand gibt es viele Möglichkeiten, z. B. eine „Petersburger Hängung" wie auf Seite 116 / 117 oder in kleineren Gruppen nach Größe geordnet, als Reihung oder senkrecht untereinander platziert.

1D: Leinwände 50 x 50 cm

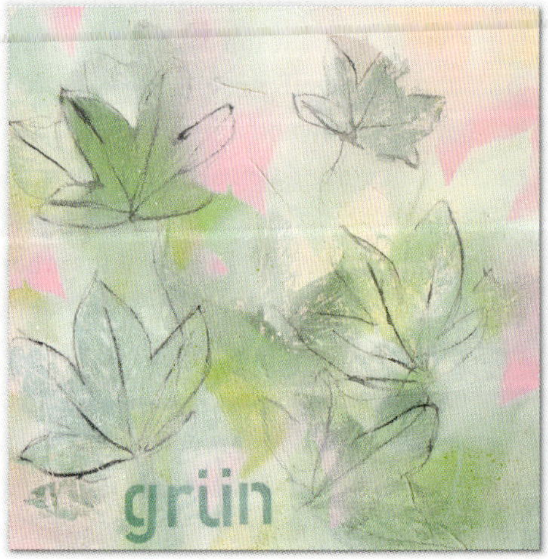

1D

1A – 1C: Leinwände 40 x 40 cm

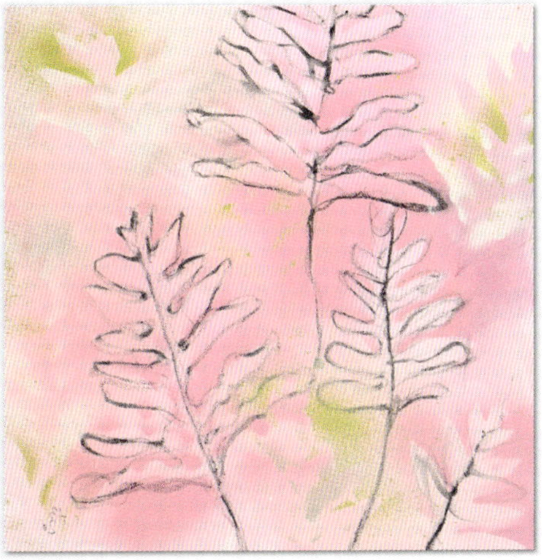

1A

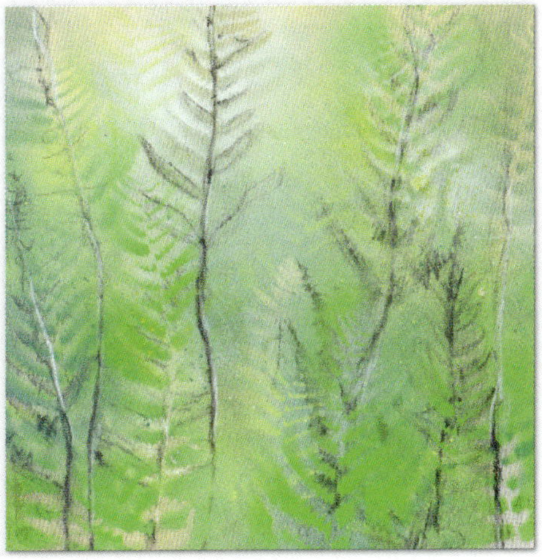

1B

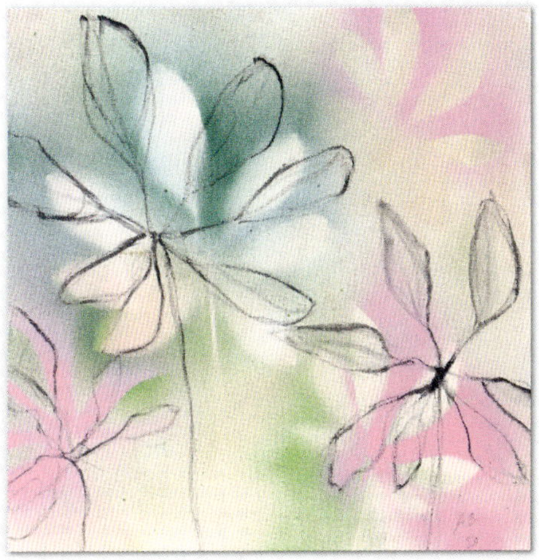

1C

2A – 2C: Leinwände 30 x 30 cm

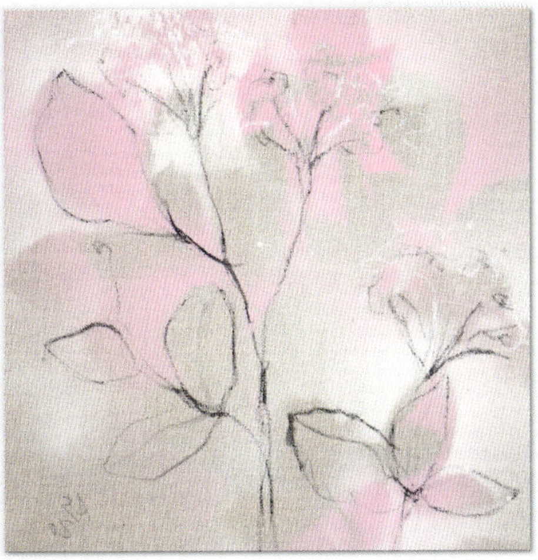

2A

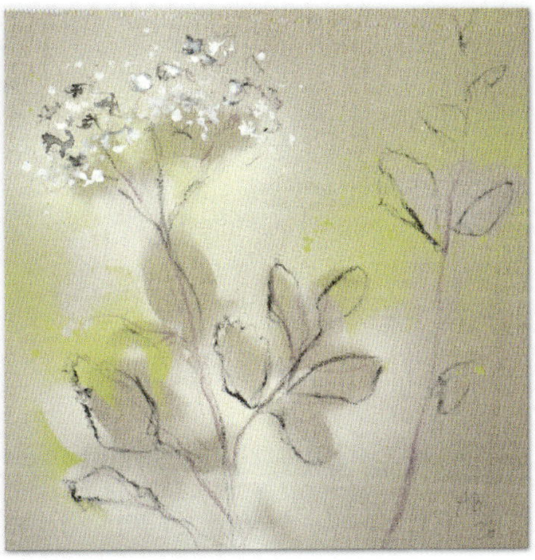

2B

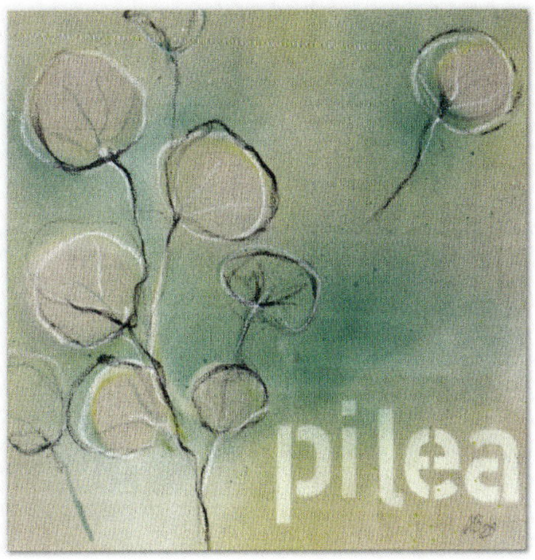

2C

Die Naturleinen-Untergründe (30 x 30 cm) direkt und ohne farbliche Grundierung verwenden.

Blattformen in Pastell 2

Sprühen und Zeichnen

Material:

- *Acrylfarben in Primärcyan, Primärgelb, Primärmagenta, Schwarz und Titanweiß*
- *6 Leinwände 20 x 20 cm*
- *alte Buchseite und Acrylbinder*
- *Linolwalze*
- *Woodys in Schwarz und Weiß*
- *Breiter Borstenpinsel 3" und Linierer*
- *Verschiedene Blätter aus dem Garten zum Schablonieren*
- *Sprühfarbe in Signalweiß, Steingrau hell, Rubinrot, Schweinchenrosa, Türkisgrün, Cliffgrün, Kiwi, Schmetterlingsgrün und Löwenzahn*

So geht es

Auf drei kleine Leinwände (20 x 20 cm) Streifen einer alten Buchseite an verschiedenen Positionen aufkleben (3A, 3B, 3C). Dann den Rest der Leinwand mit der Linolwalze in einem gemischten Hellgrau färben. Auch hier nun anschließend die verschiedenen Blätter als Schablone nutzen und mit Sprühfarbe darüber arbeiten. Bei der Bemalung und auch beim späteren Sprühen darauf achten, dass die Buchstaben der Buchseite nicht komplett abgedeckt werden.

Die anderen drei Leinwände mit Rosatönen grundieren (3D, 3E, 3F). Hier heller arbeiten als bei den anderen drei Motiven. Stellenweise zarte, pastellfarbene und stellenweise intensivere Farbflächen aufbringen, damit eine Tiefenwirkung entsteht. Dann die Sprühfarbe und die harte Form der Blatt-Schablone weich verblenden. Der weiche Übergang tritt nach hinten und geht in die Tiefe, die harte Form kommt nach vorne.

Abschließend mit dem Woody in Schwarz die Formen prägnanter heraus arbeiten und so für Kontrast sorgen.

Gemessen an den kleinen Flächen des Bildgrundes wirken die gezeichneten Linien mit dem Woody schon recht kräftig. Durch Anlösen der wasservermalbaren Stifte wird die Linie noch dicker. Deswegen den Stift gut anspitzen und zum Anlösen einen sehr feinen Pinsel nutzen.

Die Leinwände sind mit 20 x 20 cm recht klein. Daran gemessen sind die Blattformen sehr groß, besonders bei Bild 3D und 3E. Durch die Größe sitzt das Motiv dominant im Bild, bei Bild 3E ist das Kastanienblatt sogar so groß, dass es über die Formatgröße hinaus geht. Gebrochene Töne entstehen durch das Überlagern der Komplementärfarben (hier Rubinrot und Kiwi, 3A und 3B) Eher als Blickpunkt ist bei 3C die Komplementärfarbe eingesetzt. Die rosa Knospen kommen in den Blick und bringen den Fokus.

Tipp:
Wird zuviel Sprühfarbe eingesetzt, verschwinden sehr schnell zuvor gearbeitete Schichten. Deswegen lieber erst einmal zurückhaltend arbeiten und prüfen, wie die gesprühte Schicht wirkt.

3A – 3C: Leinwände 20 x 20 cm

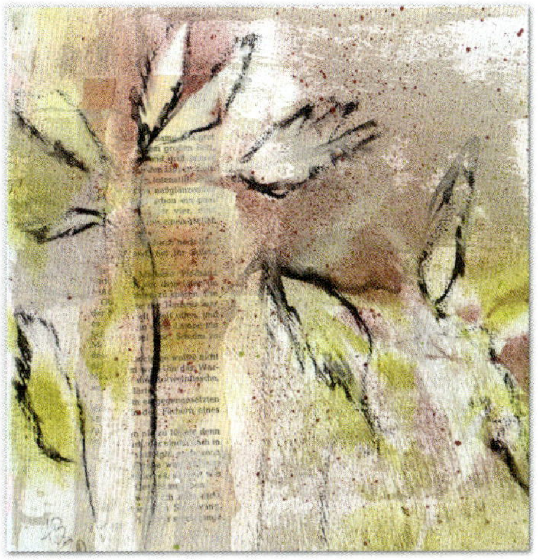

3A

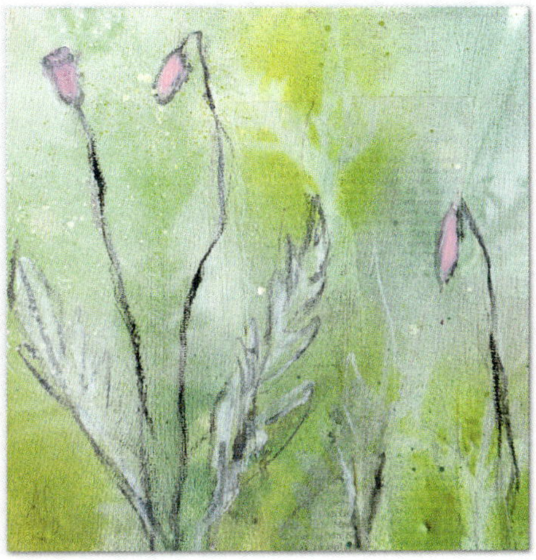

3B

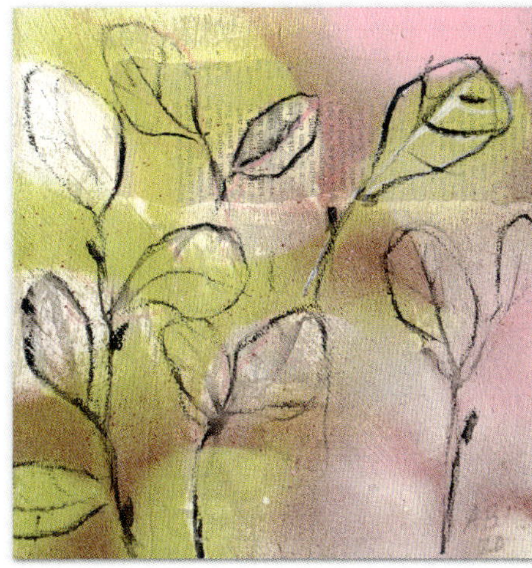

3C

3D – 3F: Leinwände 20 x 20 cm

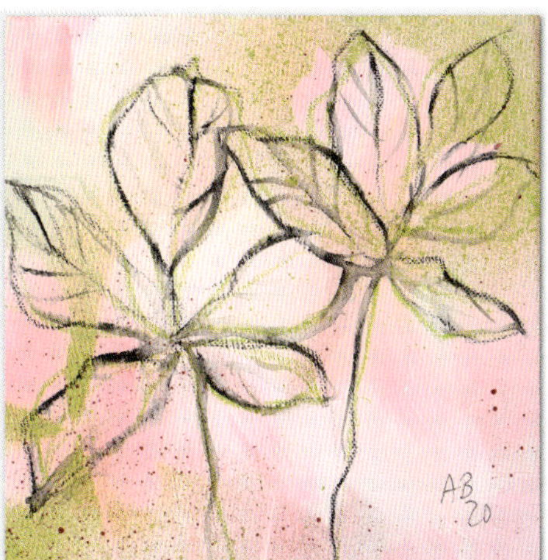

3D

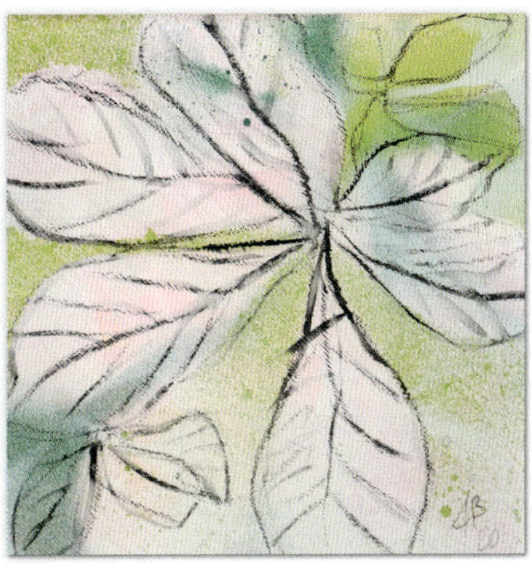

3E

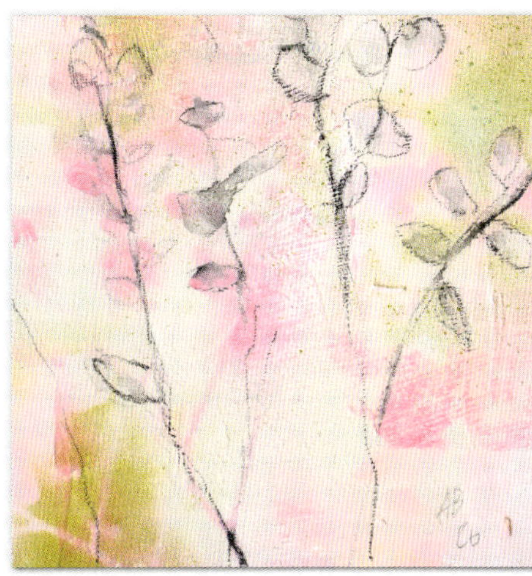

3F

Blattformen in Pastell 1 & 2

„Petersburger Hängung“

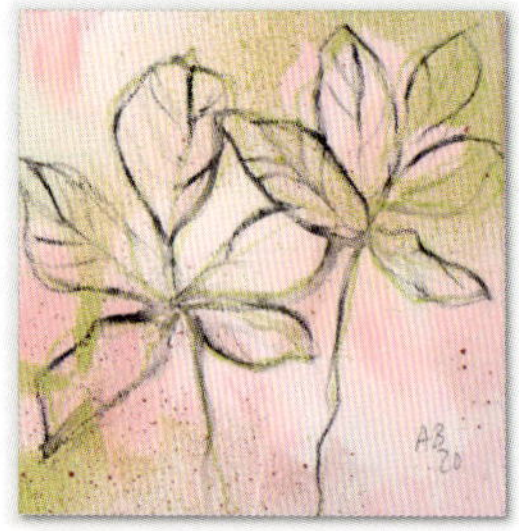

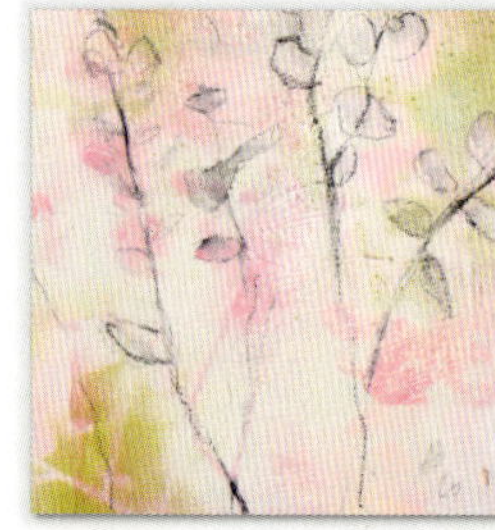

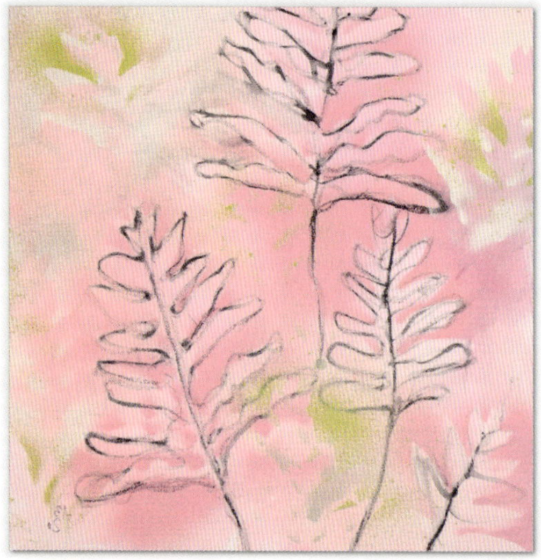

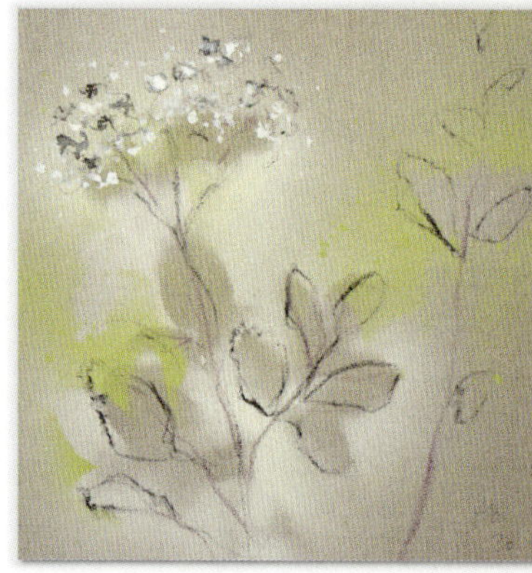

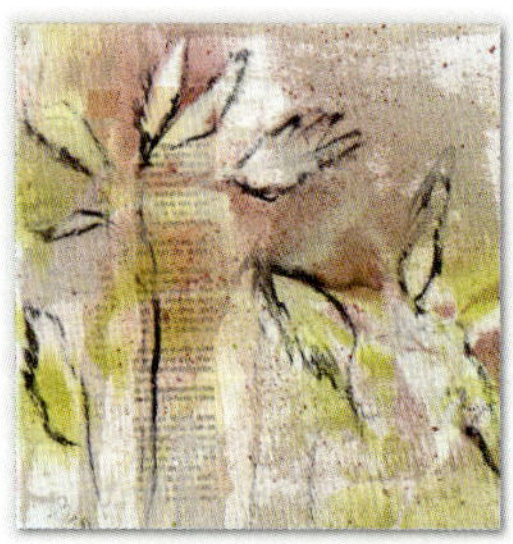

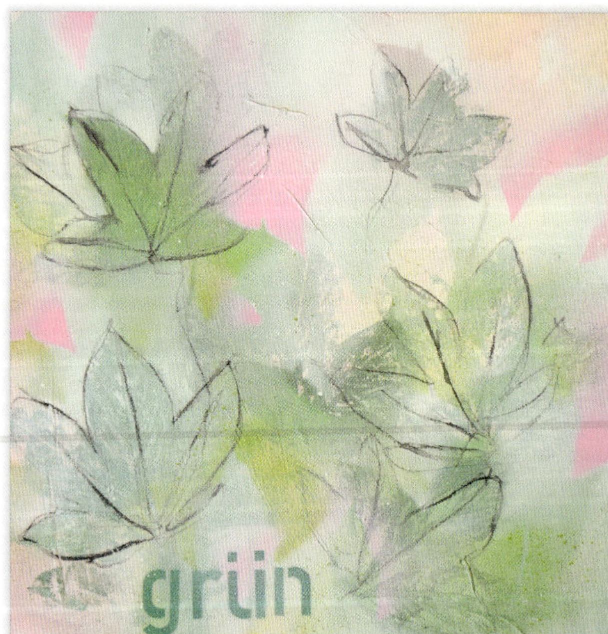

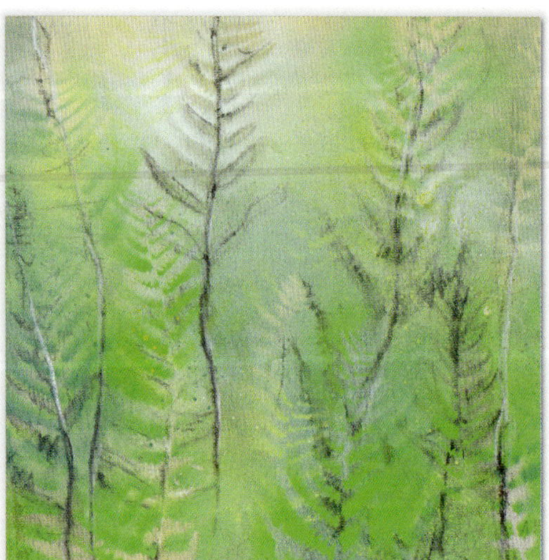

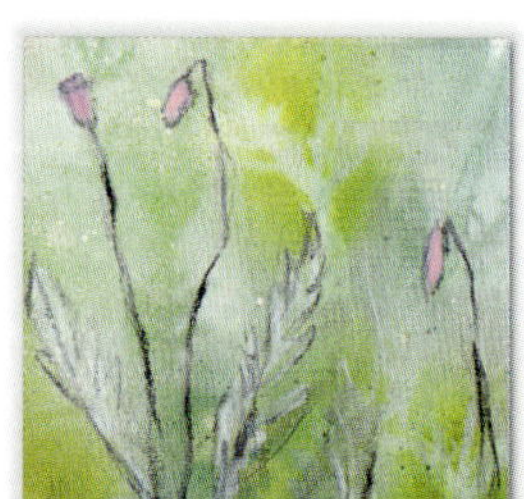

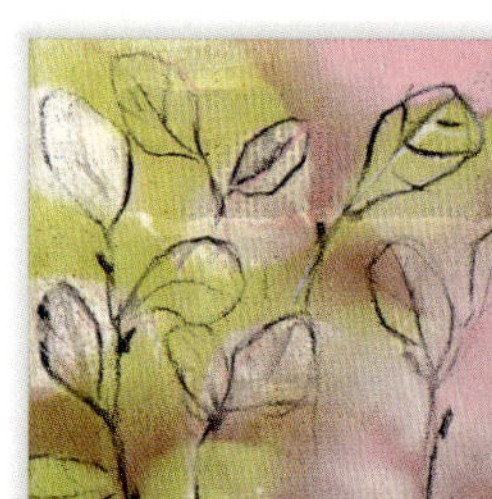

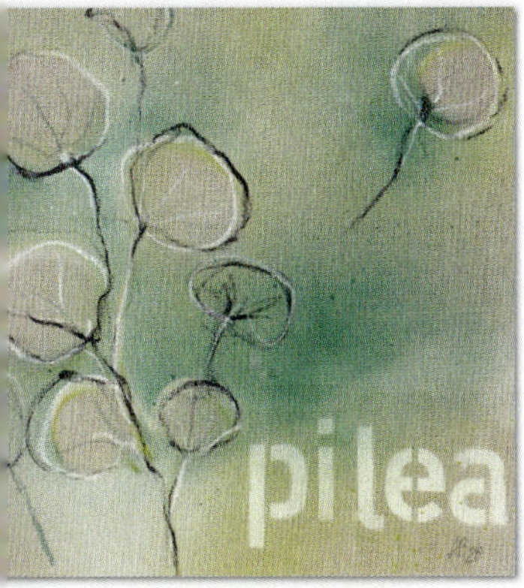

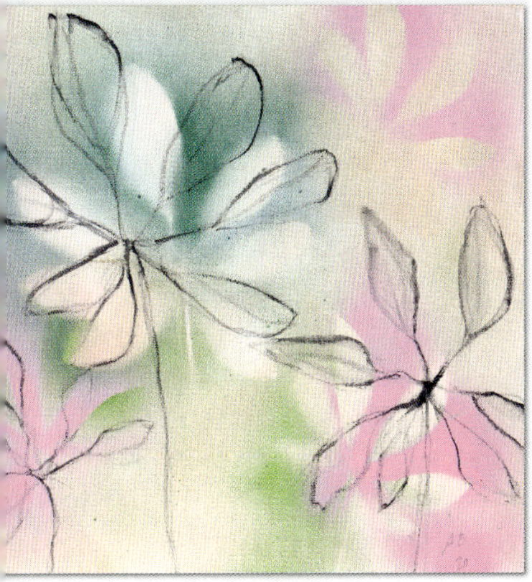

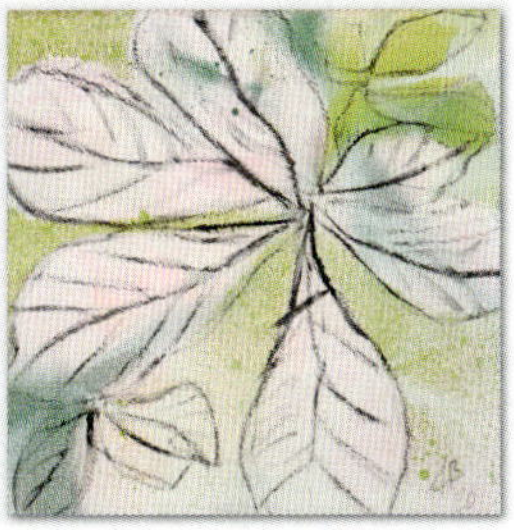

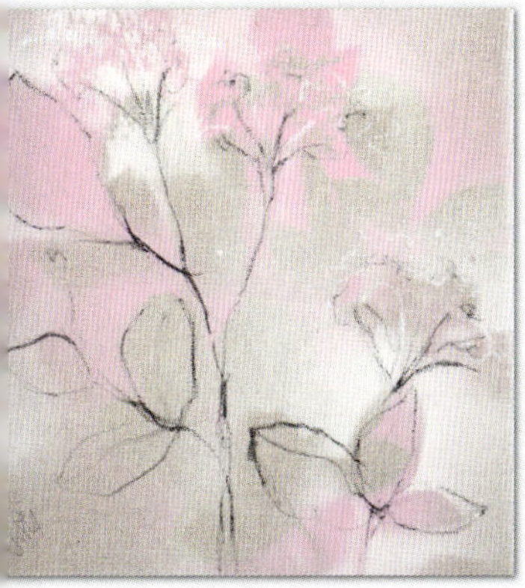

Tipp:

Unter einer Petersburger Hängung versteht man ein Arrangement von Bildern, die sehr dicht zusammen aufgehangen werden. Durch die Vielfalt der Formen und der Menge der Bilder zählt hier weniger das einzelne Motiv, sondern der Gesamteindruck. Die Bezeichnung führt auf die bestückten Wände der Sankt Petersburger Eremitage zurück.

Nachwort

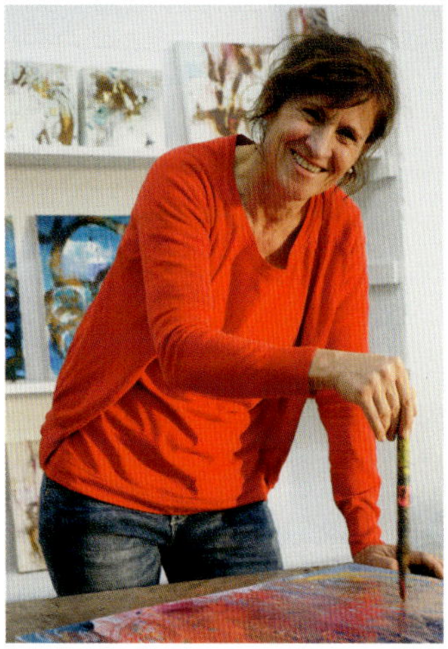

Bei allen hier vorgestellten Bildideen, Techniken und Kompositionen ist eines trotzdem das Wichtigste: Der eigene Ausdruck. Ich möchte an dieser Stelle mit auf den Weg geben, die Perfektion loszulassen und dadurch die Tür zu freierem Arbeiten zu öffnen. Meine Beobachtung ist, dass Perfektion häufig zu Lasten des Ausdrucks geht. Deswegen sollte man sich nicht zu sehr auf das Erreichen eines bestimmten Endergebnisses versteifen. Auch bei mir würden die Bilder bei einem erneuten Versuch anders aussehen. Das ist bei einer prozessorientierten, experimentellen Arbeitsweise völlig normal. Aus diesem Grunde soll dieses Buch Inspiration bieten, aber ebenfalls ein Impuls sein, eigene, weitere Experimente zu wagen oder sie weiterzuführen.

Beim tiefen Eintauchen in eine Thematik wie die der „Botanicals" eröffnen sich plötzlich neue Sichtweisen und Möglichkeiten, denn die Wahrnehmung wird gesteigert, weil wir uns auf dieses eine Thema fokussieren. Plötzlich begegnen uns Dinge, die wir ansonsten nicht bemerkt hätten und die wir nun in Verbindung bringen können mit unseren Bildgestaltungen. So wunderbar funktionieren kreative Prozesse! Alles hängt zusammen und ergibt dadurch einen neuen, anderen Sinn. Es sind diese neuen Gedankenverknüpfungen und Sichtweisen, die es so spannend machen, schöpferisch zu arbeiten. Vieles ist schon da, die Ideen schlummern nur und werden neu kombiniert. Sie sind in uns und dürfen herausgelassen werden!

Aus den Materialien, die zu Verfügung stehen, entwickle ich durch den kreativen Prozess mit meiner Handschrift etwas Neues. Dieses „Schaffen" ist für mich Glück pur. Ich hoffe wirklich sehr, dass es meinen Lesern auch so geht. Wenn nicht, sollte man nichts erzwingen, sondern loslassen und offen sein für die eigene Wahrnehmung. Überall sind tolle Farbkombinationen zu entdecken, interessante Pflanzenformen oder besondere Lichtverhältnisse. Diese Bilder hat man anschließend im Kopf und sie werden bei der weiteren Arbeit inspirieren.

Viel Freude bei allen Experimenten. Lasst Farbe fließen!

Angelika